Ikonen
Fachwerk
altes Obst

Ikonen
Fachwerk
altes Obst

Ein sehr persönlicher Führer innen und außen durch das

Schenkbarsche Haus und Ikonenmuseum Biedenkopf

Fachwerk, Geschichte und Ikonen

von Christoph Kaiser

2021

Impressum

Copyright: Christoph Kaiser

Jahr: 2021

ISBN 9789403623382

Verlagsportal: Bookmundo.de

Gedruckt in Deutschland

Die Deutsche Nationalbibliothek verzeichnet diese Publikation in der Deutschen Nationalbibliografie.

Alle Zeichnungen sind theoretische Rekonstruktionen und dienen lediglich zur Veranschaulichung. Es handelt sich *nicht* um Bauzeichnungen aufgrund genauer Vermessungen, sondern sie geben sehr frei ungefähr die derzeitige vermutete Deutung der bauhistorischen Befunde wieder. Vielleicht müssen sie alle in 20 Jahren als falsch verworfen werden, aber so ist das in der Geschichtswissenschaft: Erkenntnisse veralten eben irgendwann.

Inhalt

Das Tor zum Hof, hier ist leider kein Eintritt für Besucher. Zum Eingang ins Museum bitte nach rechts, dann das schmale Gässchen hinunter und dort, wo sich das Gässchen zur Kirche hin öffnet, wieder nach links in den Hof bis zum Törchen mit der weißen Glocke.

Kurze Einleitung

Da Sie dieses Buch in Händen halten, sind oder waren Sie vermutlich als Besucher des Schenkbarschen Haus Museums bei uns im Haus zu Gast. Oder vielleicht planen Sie einen Urlaub in Biedenkopf; oder Sie haben einen solchen gerade hinter sich und bei einem Rundgang durch die schöne Oberstadt Biedenkopfs das große uralte Haus an der Stadtkirche bemerkt; und haben sich gefragt, was es damit auf sich hat. Nun, das Wichtigste über das Haus an sich finden Sie im nächsten Kapitel, dem kurzen Geschichtsabriss, der Ihnen auch erklärt, warum man trotz des Namens in diesem Haus keinen Barsch geschenkt bekommt, auch keinen ver-schenkbaren. (Na gut, 50 Cent in die Schlechte-Witze-Kasse. Pling! Mann, ist die voll!) Sie werden aber sehen: Das Haus ist wirklich ein Schatz und ein Schmuckstück.

Wie kommt es aber zu dem Museum? Ist das Schenkbarsche Haus jetzt ein Privathaus oder ein Museum?

Naja, die Antwort lautet: Beides.

Zunächst einmal handelt es sich beim Schenkbarschen Haus rein rechtlich um zwei Häuser, nämlich Bei der Kirche 8 und 9. Dass da zwei aufeinanderfolgende Hausnummern im selben Gebäude liegen, liegt einfach daran, dass Bei der Kirche eine Ringstraße ist, die sich um die Kirche zieht und deshalb nur eine Straßenseite hat; nämlich die sozusagen äußere. Deshalb liegen hier die 1 neben der 2 und die 8 neben der 9.

Noch immer kann man in Biedenkopf hören, es handele sich um ein Doppelhaus, aber das ist historisch nicht richtig. Ein Doppelhaus ist ja historisch gesehen ein Gebäude, das unter einem gemeinsamen Dach zwei innen von Baubeginn an völlig getrennte Gebäude beherbergt, die ein gemeinsames Dach und eine gemeinsam genutzte Mittelwand teilen, in der keine Türen die Gebäudeteile verbinden; ein echtes altstädtisches Doppelhaus hatte auch immer zwei verschiedene Bauherren, die gemeinsam auf zwei schmalen Grundstücken das Haus errichten ließen, weil sie dadurch den Platz zum Nachbarn innerhalb des Hauses mitnutzen konnten. All das stimmt beim Schenkbarschen Haus aber eben nicht. Denn das Haus wurde als ein einziges Gebäude ohne jede Trennwand erbaut, das früher sogar einmal den hessischen Landgrafen gehörte; aber dazu und zu den spannendsten Bewohnern mehr im nächsten Kapitel. Erst seit etwa 1765 war das Haus geteilt und wurde von jeweils einer Familie pro Hälfte bewohnt. Das änderte sich erst 2009, als Elvis Benner und Christoph Kaiser beide Hälften gleichzeitig kaufen und das Haus wieder zu einem Ganzen zusammenführen konnten. Seitdem ist die Haushälfte 8 und das oberste der Vollstockwerke in der Hälfte 9 privat bewohnt, die beiden unteren Vollstockwerke in der Hälfte 9 machen wir aber als das Schenkbarsche Haus Museum nach Terminabsprache gerne interessierten Besuchern zugänglich.

Allerdings ist es eben ein Privatmuseum, ohne Angestellte oder Mitarbeiter, ohne Eintrittspreis, und daher auch ohne feste Öffnungszeiten. Ich weiß: Heute ist nichts unmoderner, als sich festlegen zu sollen, aber in diesem Fall ist es unumgänglich, wenn man das Haus besichtigen möchte. Und da wir in diesem Haus auch ausschließlich Teile unserer privaten Sammlungen ausstellen, kann das Museum auch nur im Rahmen einer Führung besucht werden, oder wenn man mit Christoph Kaiser, also mir, an einer Stadtführung durch die Biedenköpfer Oberstadt, die Altstadt, teilnimmt.[1]

Über freundliche, interessierte und begeisterungsfähige Gäste und Besucher, die Verständnis dafür haben, dass in einem Privathaus und seinen Gärten in mancher Beziehung andere Regeln gelten als in einem öffentlichen Gebäude oder einem Park, freuen wir uns immer. Ich denke, die Führungen, die oft bis zu drei Stunden dauern ohne Eintritt zu kosten, trösten darüber hinweg, dass Sie in die übrigen Räume des Hauses generell keinen Zutritt erhalten werden. Wir werden uns bemühen, Ihnen die Zeit auch in den geöffneten Räumen so angenehm wie möglich für Sie und uns selbst zu gestalten. Genießen Sie ruhig den Blick in die Gärten über den Gartenzaun, aber bitte respektieren Sie die Schilder, die unseren Privatbereich abgrenzen. Und, auch wenn das eigentlich eine Selbstverständlichkeit ist: Das Obst an den Bäumen ist nicht allgemein zum Pflücken vorgesehen! Wenn Sie Fragen dazu haben, sprechen Sie uns aber sehr gerne darauf an; wir sind stolz auf unsere alten Obstsorten und Sie wären nicht der erste Gast, der dann auch probieren darf.

Also: Melden Sie sich bei uns unter 06461/89180 oder mail@kaiser-kalligraphie.de; schauen wir gemeinsam, ob wir einen Termin finden, der für alle angenehm ist, und dann kommen Sie vorbei!

Treten Sie ein und seien Sie uns herzlich willkommen! Wir freuen uns auf Sie!

Elvis Benner und Christoph Kaiser

---

[1] Informationen zu meinen Stadtführungen finden Sie unter anderem in: Tim Frühling: 111 Orte in Mittelhessen, die man gesehen haben muss. 2019. Meine Führungen sind Tipp Nr. 13.

Das ungefähre Areal des Schenkbarschen Hauses unterhalb der Neuen Pforte, des Tores Richtung Kottenbach, vor 1800.

Fachwerk - Was heißt das?

Zunächst einmal ist das Schenkbarsche Haus eines: ein Fachwerkhaus. Und damit etwas Typisches für Hessen, zumindest bislang. Ich kann mir ein Hessen ohne Fachwerk gar nicht vorstellen; aber das könnte sich ändern, aber dazu mehr in meinem Nachwort. Das ist, wie das ganze Buch, in keiner Weise ein Fachbuch, sondern zutiefst persönlich, gibt ausschließlich meine eigene Meinung wieder und ist damit in einer Zeit, die nichts mehr schätzt als Anpassung an Meinungen und Haltungen zutiefst unmodern. Ich muss alle Leserinnen und Leser deshalb vorwarnen: Modernisten werden sich ärgern! Legen Sie das Buch ganz schnell weg! Es könnte Meinungen enthalten, die nicht die Ihren sind! Sie werden also Toleranz brauchen. Lesen erfolgt also ausdrücklich auf eigene Gefahr!

Aber zurück zum Fachwerk. Fachwerk besteht aus einem tragenden Holzgerüst, dessen Wände dadurch geschlossen werden, dass man zwischen großen Staken aus Buchenholz feinere Staken, meist ebenfalls aus eingeweichter Buche, verflechtet, „verwindet“, wie man früher sagte. Aus diesem „umwinden“ oder „verwinden“ entstand unser heutiges Wort „Wand“. Dieses Geflecht wurde dann mit Lehm beworfen, der in getrocknetem Zustand atmungsaktiv, aber fest, wasserunempfindlich und resistent gegen Schimmel und Pilzbefall ist. Von innen war das Fachwerk meist nicht sichtbar, da hier Putze aufgebracht wurden, die ihrerseits mit Kalkputz überzogen und dann farbig gefasst werden konnten, oder mit Kratzputz auch im Innenraum verziert wurden, was in Biedenkopf noch in mehreren Wohnhäusern nachgewiesen ist, auch im Schenkbarschen Haus. Allerdings gab es in armen

Häusern auch die Sitte, Gefache und sichtbare Balken ganz einfach innen zu tünchen.

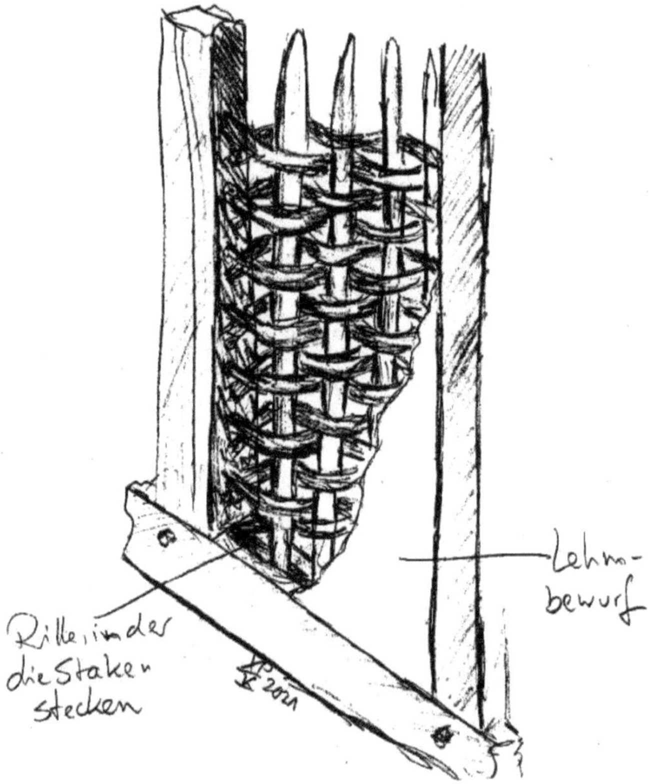

Im Schenkbarschen Haus reicht die Spannbreite der Verzierungen von Malereien, die den freiliegenden Balken folgten aus der Zeit um 1600 über Kratzputz um 1700, Schablonenmalerei um 1760 bis zu Tapeten ab etwa 1820. Sie sind ein Spiegel nicht nur der verschiedenen Zeiten und ihrer Geschmäcker, sondern auch der finanziellen Möglichkeiten der unterschiedlichen Generationen, die sich in diesem Haus das Gebäude zu einem Zuhause machen mussten. Nichts erhält besser als Armut.

Diese Wand lag ursprünglich zu einer Scheune hin und wurde vermutlich deshalb nie verputzt. Daher liegt hier das Geflecht frei. Die Balkenenden unterhalb der Bildmitte gehörten zu dem hochgelegten Fußboden. Sie machen heute keinen Sinn mehr und sind von innen nicht mehr sichtbar.

Geflechte in Gefachen können allen nur denkbaren Gefachformen angepasst werden.

Vor etwa 1500 wurden die einzelnen Balken in dem Gerüst sogenannt „geplattet“, das heißt viereckig halb ausgehöhlt und die beiden Hälften ineinandergelegt; ab etwa 1500 ineinander verzapft. Beides wurde mit Holzdübeln zusammengehalten.

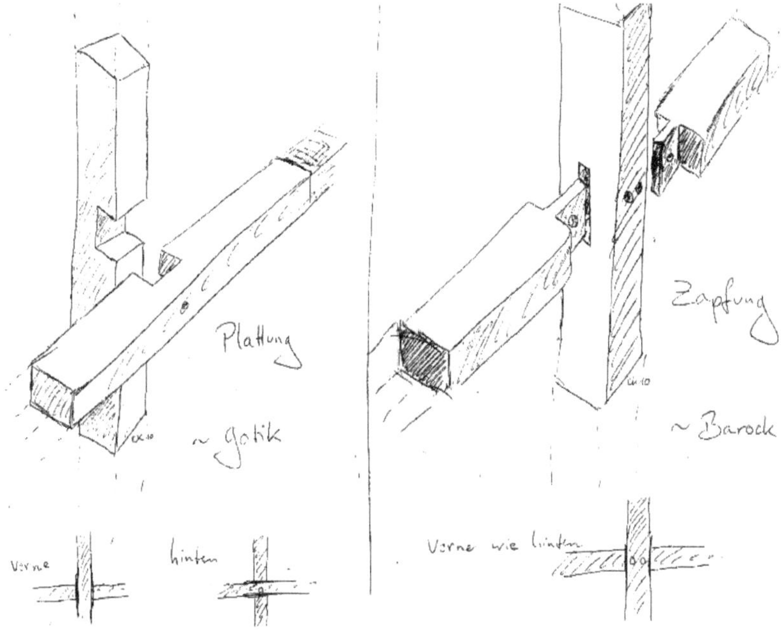
Plattung
~ gotik
vorne
hinten
Zapfung
~ Barock
vorne wie hinten

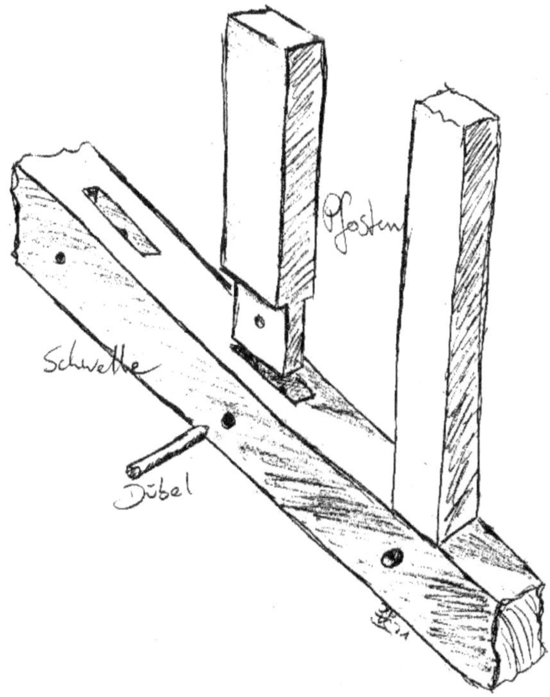
Pfosten
Schwelle
Dübel

Die grundlegenden Balken sind dabei die *Schwelle*, ein langer durchgehender Balken, der auf dem Fundament aufliegt oder der unterste Balken eines jeden Stockwerkes ist; an der Stelle, an der eine Tür in der Wand sitzt, wird dieser Balken deshalb zur Türschwelle und sollte bei Altbauten niemals ohne Grund durchgeschnitten werden, da dadurch das ganze Haus instabil werden kann; immerhin sind Holzbalken ideal wegen ihrer Druck- und Zugeigenschaften. Dann der *Rähm*, der der Schwelle gegenüber liegend den Rahmen abschließt. Der *Pfosten* definiert die Wandhöhe eines Stockwerkes; die *Strebe* stützt den Pfosten, insbesondere an den Ecken; ein *Ständer* steht wie der Posten senkrecht, reicht aber über mindestens zwei Stockwerke.

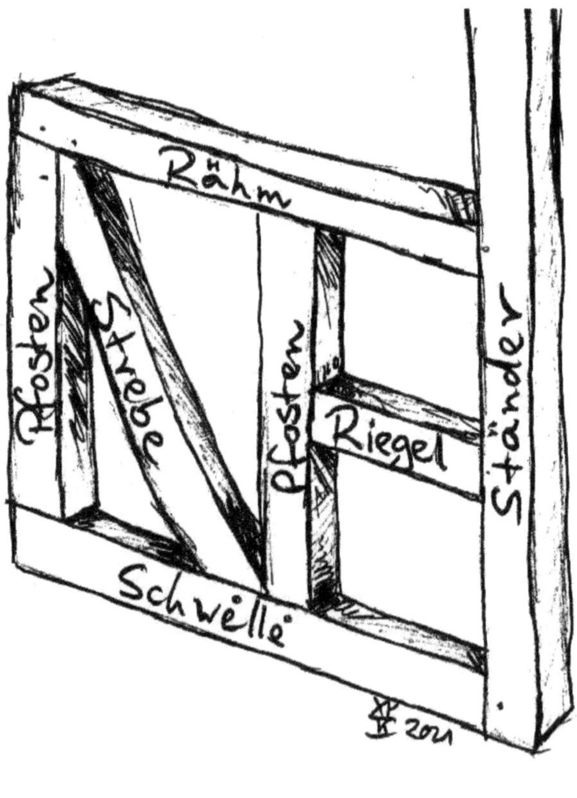

Üblicherweise zeigen an einem Fachwerkhaus die in einer Reihe angeordneten von außen sichtbaren nahezu quadratischen

Enden der Deckenbalken zwischen den einzelnen Stockwerken, die in der Regel zwischen zwei Balkenlagen liegen, nämlich dem Rähm des unteren und der Schwelle des oberen Stockwerkes, wie viele Stockwerke das Haus aufweist.

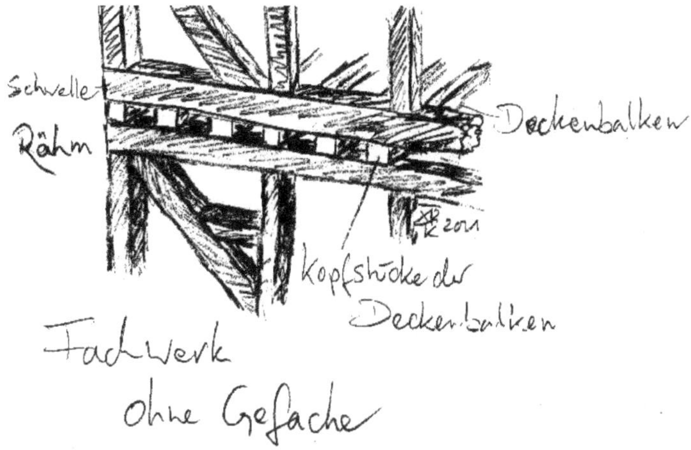

Das ist aber eigentlich erst eine neuere Art des Fachwerkbaues. Die ursprüngliche Art, die sowohl bei den zwei unteren Stockwerken des Schenkbarsches Hauses als auch bei der zum Museum gehörigen Kulturstube „Zur sicheren Beule" vorliegt, ist die sogenannte Ständerbauweise. Als „Ständer" bezeichnet man beim Fachwerk einen senkrecht stehenden tragenden Balken, der über mehrere Stockwerke reicht. Die Ständerbauweise zeigt von außen nur durchgehende Wände, ohne dass die Kopfstücke der Deckenbalken nach außen geführt werden müssten. Diese verrotten dadurch nicht, man benötigt aber deutlich mehr sehr gutes Holz für die gleiche Anzahl an Stockwerken.

Eines der Auflager für die tragende Fußbodenkonstruktion bei einem Ständerbau in einem Eckständer des Schenkbarschen Hauses, das die Unterkonstruktion des Fußbodens des großen Saales trug.

Hier der Vollständigkeit halber ein Überblick über die wichtigsten Begriffe beim Bau einer Fachwerkwand:

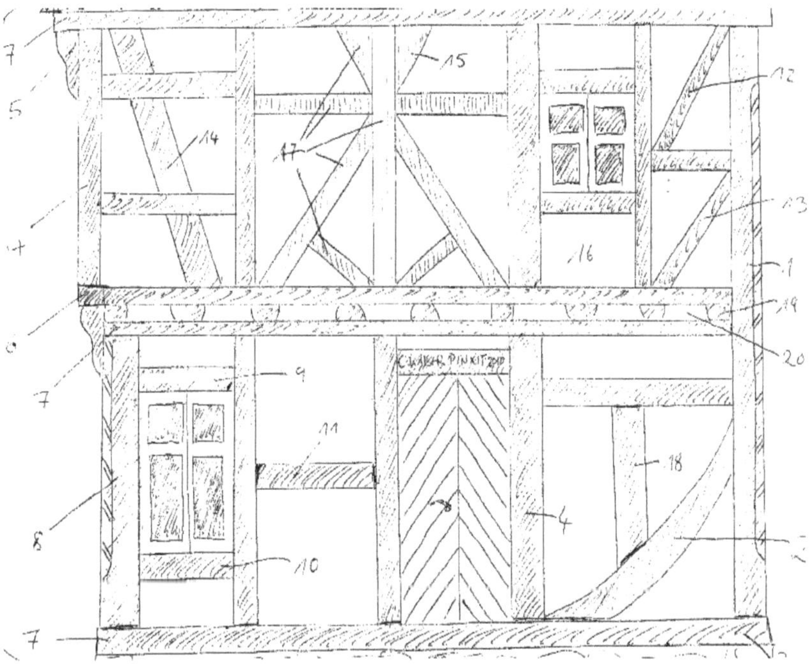

Die Nummern bedeuten:

1. Ständer; 2.Strebe; 3. Schwelle; 4. Pfosten; 5. Knagge; 6. Überstand der Schwelle des zweiten Stockwerkes; 7. Rähm; 8. Die Schnitzerei an diesem Balken verrät, da sie abgeschnitten wurde, dass der Pfosten früher ein Ständer war; 9. Kopfriegel; 10. Fußriegel; 11. Brustriegel; 12 Kopfband; 13. Fußband; 14. Schwertung (Verbindung zwischen Schwelle und Rähm); 15. Kopfholz; 16. Gefach; 17. ein Wilder Mann, der Häuser praktisch immer in seiner Vollform als nach dem 30jährigen Krieg erbaut datiert; er stützt das Haus im Brandfall ganz maßgeblich, was später von den Nazis fälschlich zu einem germanischen Runenschutzzeichen gegen Feuer umphantasiert wurde;

18. Stiehl (ein halbhoher senkrechter Balken, der im Gegensatz zu Pfosten Schwelle und Rähm nicht verbindet.) 19. Kopfstücke der Deckenbalken. 20. Füllgefach, regional auch Füllbrett.

Und zum Schluss noch ein Blick in eine Deckenkonstruktion. Das Wesentliche am Fachwerkbau ist das wunderbare Material Holz, das für Bauwerke in wechselnd feucht-trockenem Klima ideal geeignet ist. Holz, das länger als vier Monate im Jahr trocken bleibt, muss Pilzbefall in der Regel nicht fürchten. Das Wichtige ist, dass Nässe, die das Holz erreicht, auch wieder aus dem Holz heraus kann. Deshalb ist es wichtig, dass z.B. keine Außenanstriche verwendet werden, die völlig wasserdicht sind, da Holz immer arbeitet und Risse bildet, die dann auch als Haarrisse in der Farbe auftreten. Durch diese Einfallstore dringt unweigerlich Wasser dann zwar ein, findet aber nie wieder den Weg hinaus, so dass unter einer schön geschlossen wirkenden Farbe das Holz bereits völlig zerfallen sein kann. Holz, insbesondere Eichenholz, das regelmäßig abtrocknen kann, kann hingegen Jahrhunderte überdauern. Deshalb bestehen auch unsere, nicht sehr ansehnlichen, Farben nach alten Rezepten aus Quark, Bier und Ei mit Erdpigmenten. Das wird dafür sorgen, dass bei uns das Holz weiterhin älter werden wird als der Anstrich, auch wenn es vielleicht schnell nicht mehr „schön“ oder „sauber“ aussieht. Das Haus ist uns wichtiger als die Optik.

Besonders wichtig ist der Schutz vor Fäulnis bei sogenannten *Ankerbalken*, also Balken, die der ganzen Länge nach durch das Gebäude laufen und die beiden Giebelseiten durchgängig miteinander stabil verbinden. Die Kopfenden dieser Balken müssen immer gut abtrocknen können, da sie die Stabilität des gesamten Bauwerkes garantieren. Ob ein dicker Balken unterhalb der Deckenbalken eines großen Raumes oder Gebäudeteils ein Anker oder nur ein sogenannter *Unterzug* ist, der im Gegensatz zum Anker nicht durch das gesamte Gebäude läuft, muss durch eine Bauaufnahme sicher herausgearbeitet werden. Üblicherweise sind die Anker nicht sichtbar, da sie in der Regel in den Außenwänden und in der Mitte des Gebäudes sitzen, also fast immer in Wänden. Im Schenkbarschen Haus wurde ein besonders beeindruckender Eichenanker allerdings sichtbar gelassen: Die Wand sitzt hier hinter dem Ankerbalken, der durchgängig bei einer Länge von 14 Metern 25 x 30 cm umfasst und damit auch zur Bauzeit des Hauses einen immensen Wert darstellte. Ihn heute zu ersetzen, würde alleine vom Ankaufspreis für historische Baustoffe her zwischen 3000 und 4000 Euro kosten, ohne Kosten für Transport und Handwerkerstundenlohn für den Einbau. So einen Schatz versteckte man auch in früheren Zeiten nicht in einer schnöden Wand, sondern bemalte ihn bunt in gelb und rot mit einer blauen Trennline zwischen den Hauptfarben.

Ankerbalken gehören also zu den wertvollsten und schützenswertesten Teilen eines Fachwerkgebäudes. Wer überlegt, sich einen solchen Kulturschatz zuzulegen, sollte sich mit solchen Details vertraut machen.

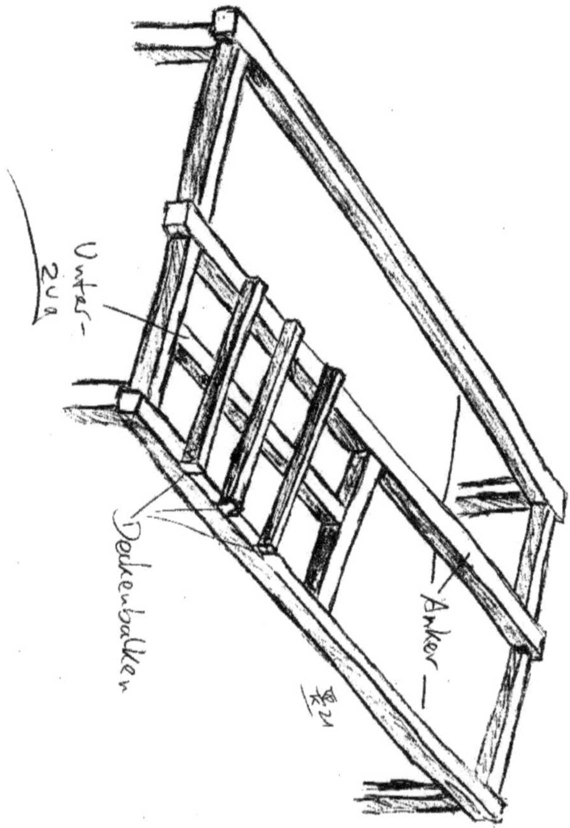

So weit meine kleine Einführung in das Wunderwerk Fachwerkhaus. Es ist schade, dass dieses Thema heute im Architekturstudium in der Regel nicht mehr vorkommt. Ich denke, man könnte aus Gebäuden, die schon heute länger stehen, als die allermeisten heutigen neuen Gebäude je stehen werden, mehr über Nachhaltigkeit lernen als aus immer neuen Zukunftsvisionen, die sich erst noch als wenigsten halbwegs ebenso dauerhaft wie Fachwerk erweisen müssen. Aus der Vergangenheit lernt es sich sicherer als aus der Zukunft. Zumindest meiner altmodischen Meinung nach.

Rest einer figürlichen Ausmalung um 1900

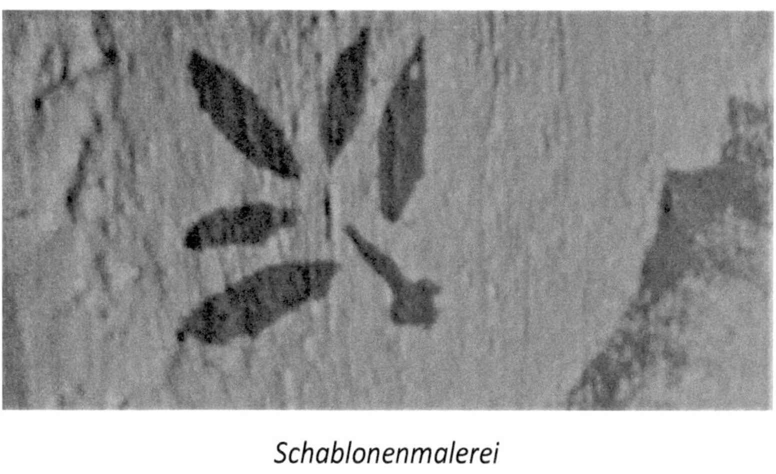

Schablonenmalerei

Reste der untersten Malschicht vor 1600, in der die Balken freilagen und die Malerei im Inneren des Hauses die Gefache umrahmte und die Balken begleitete.

Rankenschablonenmalerei um 1760. Sie lag unter einer Tapete, die im Tapetenmuseum Kassel auf etwa 1820 datiert wurde.

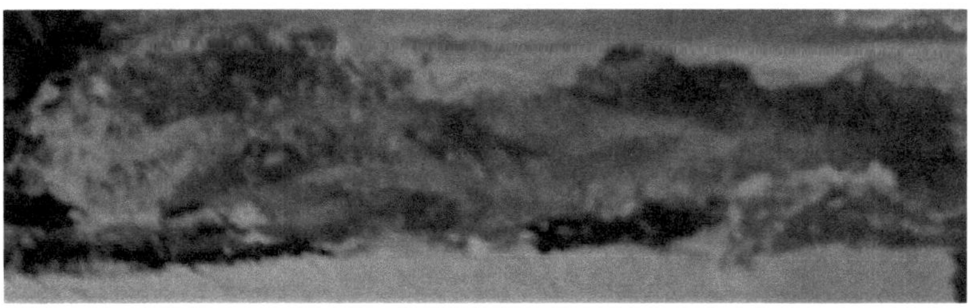

Reste einer Marmorierung vor 1600.

Reste einer Tapetenborte des 19. Jahrhunderts.

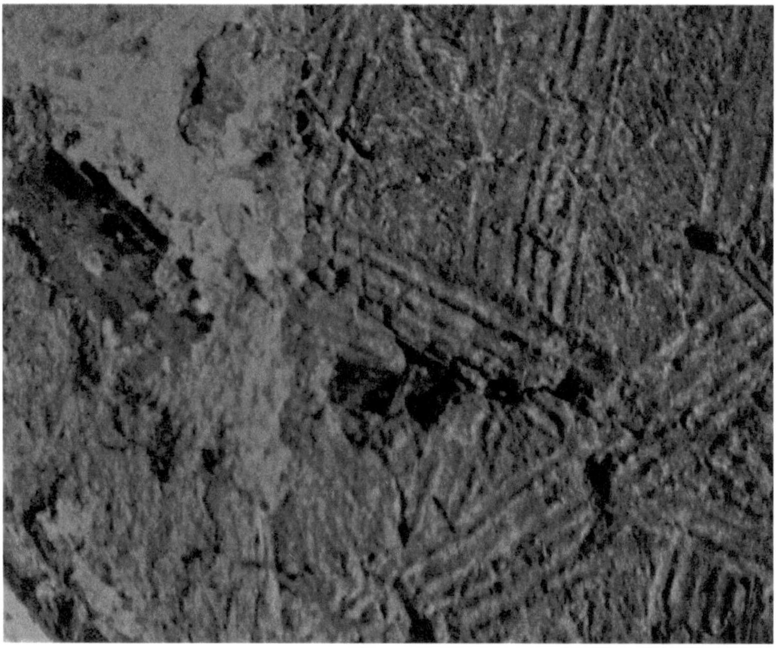

Kratzputz, der beim Einbau der Treppe überputzt wurde; links der Rest der die Treppe begleitenden Malerei in Grautönen auf der neuen Lehmschicht.

Ein Balken aus der Empore der benachbarten Kirche, die 1858 geschlossen und abgerissen wurde. Es dürfte sich um einen Balken der Empore gehandelt haben, da sich offensichtlich gelangweilte Konfirmanden darin schnitzend verewigt haben. Heute sitzt er umgedreht unter der Decke der schwarzen Küche.

Sommermorgen vor unserer Haustür

Kurz zur Geschichte des Hauses

Das Schenkbarsche Haus Biedenkopf gehört zusammen mit dem Schloss, der Hospitalkirche, der Nothgotteskapelle an der evangelischen Stadtkirche und dem sogenannten Hexenturm (der eigentlich ein Heckenturm war) zu den ältesten Zeitzeugen der Stadt. Angesichts der dramatischen Stadtgeschichte grenzt es fast an ein Wunder, dass es noch existiert; immerhin hat es in den Jahren 1635, 1647 und 1717 jeweils einen verheerenden Stadtbrand überstanden und ist heute das einzige verbliebene Wohngebäude aus den Zeiten vor den drei Bränden.

Ursprünglich stand hier eine kleine innerstädtische Burganlage, ein Burgmannsitz der Familie von Döring, danach eines Cunz Ruhlen, dann derer vom Paradies, die später in Frankfurt vermögende Patrizier waren; danach derer von Hohenfels und schlussendlich der Herren von Breidenbach genannt Breidenstein; eine richtige kleine Burg mit zwei festen steinernen Häusern und mindestens einem runden Vollturm, der heute noch vier Meter hoch erhalten ist und auf dem heute der Teepavillon steht. Zusammen mit dem sogenannten Hexenturm handelt es sich um den einzigen erhaltenen Vollturm Biedenkopfs. Das Innere des Turmes wie auch sein Zugang sind heute unbekannt. Nur eine geheimnisvolle Kammer im Inneren des Turmes ist durch einen ebenso geheimnisvollen Gang vom Keller her zugänglich, aber dazu später mehr.

Das Haus war vermutlich, aber nicht einmal das ist sicher, ein Lehen der hessischen Landgrafen, spätestens an die Familie Breidenbach genannt Breidenstein.

Ich habe überlegt, ob ich hier auf das mittelalterliche Lehenswesen eingehen sollte, da ohne diese Kenntnis weder die

Geschichte unseres Hauses noch das gesamte Mittelalter zu verstehen sind. Ich denke aber, wenn es Sie interessiert, fragen Sie uns einfach, wir erklären es ihnen gerne. Aber bringen Sie ein bisschen Zeit mit. Das Mittelalter funktionierte nun einmal völlig anders als die Moderne. Sehr viele Vorurteile und Missverständnisse beruhen genau auf dieser völlig anderen Welt, die man erst verstehen wollen muss. So wurden im Mittelalter fast keine Hexen verbrannt, das kam später; und Frauen durften lesen und schreiben, sie mussten nur adelig sein. Nichtadelige Männer durften hingegen nicht lesen lernen.

Das Mittelalter schrieb sogar sehr gerne. Bis heute haben sich vermutlich Hunderttausende, wenn nicht Millionen einzelner Urkunden und Textzeugen erhalten, die, was ein großer Nachteil ist, in aller Regel seitdem sie verfasst wurden und sich der Grund ihrer Erstellung erledigt hatte, niemand mehr angesehen hat. Deshalb kann man heute noch Funde machen wie diesen:

In einer unbeachteten dicken Mappe im Hessischen Staatsarchiv Marburg ruhte eine Notiz, aufgrund der jetzt genau datiert werden kann, wann das Haus mit Grundstück in den Besitz der Hessisch-Darmstädtischen Landgrafen überging, nämlich genau 1575. Der Fund besteht aus einem einzigen für uns sensationellen Zettel in einem dicken Stapel langweiliger Akten im Staatsarchiv; in einer Akte, die die Besitztümer der Hessischen Landgrafen auflistet. Dieser Zettel nennt zum einen den Garten „Hofgarten“ und zum zweiten das dazugehörige Haus. Ganz oben unter „Volgen die Gartten“ wird ein Garten erwähnt, „Item ein gartten genant der hof gart, stost oben vmbhero ahn die gemeine vnnd vnden vf Cunzen von Frangshausen, oben zum theill wird dem Stadt graben.“ Und ganz am Ende des Schriftstückes explizit „die Hofstatt beneben dem Kirchhoff so bey vor beschribene güter gehörig ist.“

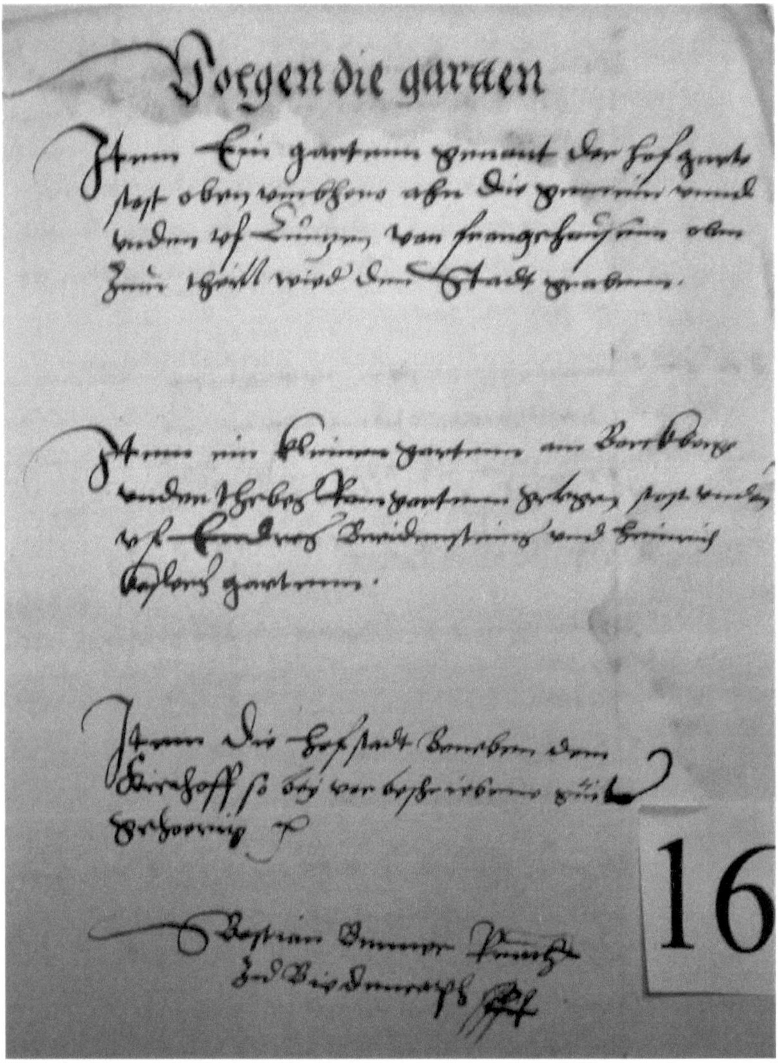

Diese Liste wurde für die Landgräfliche Kanzlei vom Schultheiß Sebastian Benner 1575 aufgestellt. Der Text besagt in heutigem Deutsch, dass ein Garten dem Landgrafen gehört, der oben (auf dem Berg) an die Stadtgemeinde grenzt, unten (im Kottenbach) an den Besitz eines gewissen Cuntz von Frangshausen, wobei nicht ganz klar ist, wie Frangshausen heute heißt, und dass der

Garten oben zum Teil zur Stadtbefestigung gehört. Diese Beschreibung passt exakt zur Lage des Grundstückes des Schenkbarschen Hauses, das noch im 18. Jahrhundert auf Karten als „der Hofgarten" bezeichnet wird und das noch heute deutlich in seinem Grundstücksprofil einen Wall, also die Reste der Stadtverteidigungsanlagen, zeigt. Immerhin steht unser Teepavillon auf einem massiven Rundturm, in dessen Steine als Steinmetzzeichen gotische Buchstaben eingemeißelt sind.

Zuvor war das Grundstück mit der dazugehörigen Bebauung als hessisches Lehen an die Herren von Breidenbach genannt Breidenstein vergeben und drohte deren Familie verloren zu gehen, da ihr nur zwei Töchter geboren worden waren und über eine weibliche Familienlinie diese Art von Lehen nicht weitervererbt werden durfte. Die Ehemänner der beiden Schwestern, Hermann Schenck zu Schweinsberg und Hartmann Schutzbar genannt Milchling, stritten sich nun mit den Herren von Breidenbach um das Haus dermaßen intensiv, dass selbst der erste Landgraf von Hessen-Darmstadt, Georg I., darauf aufmerksam wurde und sich wohl dachte, dass ein so begehrtes Haus am besten ihm gehören solle; also löste er alle Rechte am Haus samt Grundstück ab und das Lehen war erloschen. So wurde der Streit Zweier wie üblich durch einen sich freuenden Dritten entschieden. Sein Nachfolger, Ludwig V., war ein leidenschaftlicher Jäger und nutzte das Haus sicherlich bei jedem Aufenthalt in Biedenkopf auch als eine Art Jagdschloss.

Allerdings quartierte er sich dabei bei seinem Schultheißen ein, der das Haus wieder als Mannlehen erhalten hatte, also als nicht innerhalb seiner Familie vererbbares Lehen,sondern an das Amt gebunden. Erst Schultheiß Schenkbar erhielt es Anfang des 17. Jahrhunderts wieder als Erblehen. Archäologische Funde von Wildknochen beweisen, dass hier in den drei Küchen vermutlich zu Zeiten von Ludwig V. auch Hochwild zubereitet wurde, das

Bauern und Bürgern bei Strafe zu jagen verboten war. Besonders interessant ist dabei ein Teil eines Unterkiefers eines Wildschweins, der außen verkohlt, in der Maulhöhle des Tieres aber unbeschädigt ist. Das ist ein Hinweis darauf, dass das Tier am Spieß gebraten wurde. Das war auch früher als normaler Sonntagsbraten unüblich und spricht für große Jagden.

Steinmetzzeichen am Turm in Form eines gotischen As.

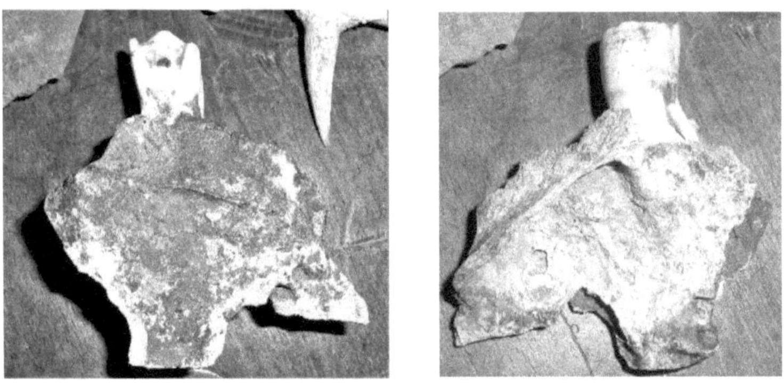

Das Unterkieferbruchstück eines Wildschweins, außen verkohlt, innen nicht.

Ebenfalls bedeutsam für die Zuordnung zum Hessisch-Darmstädtischen Staatsbesitz sind die Bruchstücke einer Ofenkachel, die stilistisch ins 16. Jahrhundert datiert werden kann und die das hessische Staatswappen zeigte. Sie zeigte an den Seiten des Wappens einen Fries mit Heiligenfiguren, die auch noch in Bruchstücken erhalten sind. Die Bruchstücke waren später in einer Wand verbaut worden, um mit ihrer unebenen Oberfläche den Putz festhalten zu können. Leider waren nur einige Teile noch aufzufinden, der Rest steckt vielleicht noch in einer anderen Wand.

Die in der Wand verwendeten Bruchstücke der Ofenkachel mit dem hessischen Staatswappen in situ, also an Ort und Stelle im Moment der Auffindung.

Tatsächlich sind solche Ofenbruchstücke immer eine aufregende Sache, da solche großen Öfen schon zu Zeiten ihrer Errichtung wertvoll waren. Hier handelt es sich zwar „nur“ um eine Ausführung mit Tonkacheln, die schwarz glasiert waren und so teures Eisen darstellen sollten; tatsächlich aber war auch ein solcher Ofen zu seiner Zeit eine Kostbarkeit und nur reichen

Häusern vorbehalten; erst recht mit dem Staatswappen als Verzierung. Einen solchen Ofen zu beheizen erforderte Personal und Zugang zu Holz in jeder gewünschten Menge; beides besaß der hessische Landgraf.

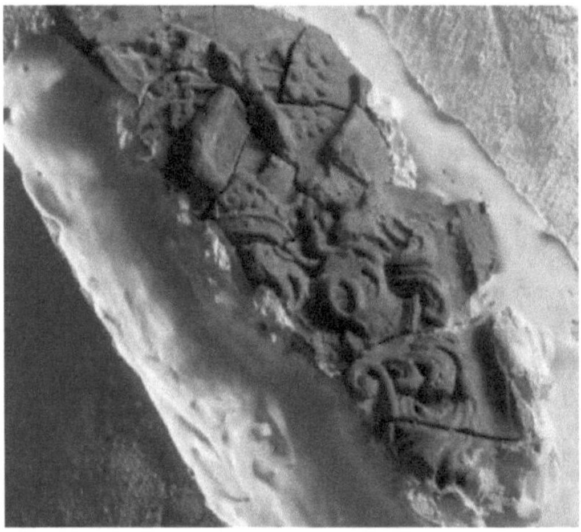

Die zusammengesetzten Stücke der Ofenkachel

Zum Vergleich das Hessische Wappen aus dem Siebmacher, Band 1, erste Auflage, 1605

Dendrochronologische Datierungen von Balken in der Ostwand des Erdgeschosses, also Datierungen anhand der Jahresringe im Holz, datieren die dortigen Eckständer in die Zeit von 1525 und 1577. Es handelt sich also offensichtlich um Reparaturen, denn der hessische Landgraf ließ sein eigenes Haus, in dem er offensichtlich auch in Zeiten seines Aufenthaltes in Biedenkopf residierte, ganz sicher nicht mit irgendwo beschafftem wiederverwendeten Holz bauen.

Probeentnahme Nr. 5 für eine dendrochronologische Datierung, in diesem Fall des Dachstuhles.

Der silberne 3er Reichspfennig aus dem Fußboden unseres Gästezimmers

Vielmehr passt die Datierung 1577 exakt zum Erwerb des Hauses durch den Landgrafen 1575 plus der Zeit einer gründlichen Bestandsaufnahme etwaiger Schäden. Bekanntermaßen wurde noch bis in 18. Jahrhundert hinein mit schlagfrischem Holz gebaut, weshalb eine Datierung nach den Jahresringen, eine dendrochronologische Datierung, immer auch das Baudatum benennt, wenn der letztgewachsene jüngste Ring direkt unter der Rinde erhalten und nachweisbar ist.

Dass im Haus auch, nach damaligem Maßstab, durchaus „internationale" Gäste verkehrten, beweist eine Münze von 1624, ein silberner Dreier, der buchstäblich beim Putzen zwischen den Brettern eines der ältesten Böden im Haus, der sich im privaten Wohnbereich befindet und nicht besichtigt werden kann, herauskullerte. Der Silberdreier des Hl. Römischen Reiches Deutscher Nation mit dem kaiserlich Habsburgischen Wappen stammt nicht aus Hessen, war also in Biedenkopf kein eigentliches offizielles Zahlungsmittel, im Alltagsverkehr aber durchaus akzeptiert.

Weiter ging es mit dem Haus als Amtssitz und Wohnung der Schultheißen, der Stellvertreter des Landgrafen in der Stadt, die in Biedenkopf eine eigene Gerichtsbarkeit, nämlich die des Landes, ausübten, neben der städtischen und der kirchlichen. Deshalb besaß das Schenkbarsche Haus auch ursprünglich einen großen Saal, der vermutlich auch als Gerichtssaal diente und 1563 die Unterbringung des Pädagogikums der Marburger Universität unter Justus Vultejus, das vor der Pest aus Marburg geflohen war, neben dem Rathaus auch in unserem Haus ermöglichte. In diesem Raum dürfte auch der Prachtofen mit den Kacheln mit dem hessischen Staatswappen gestanden haben, deren Bruchstücke in den Wänden wiederverwendet wurden. Beim Umbau des Hauses unter Heinrich Schenkbar um 1610 herum wurde dieser Raum nicht nur durch Wände unterteilt, sondern verschwand völlig, da das Bodenniveau einerseits abgesenkt und andererseits ein weiteres Stockwerk eingezogen wurde. Als Reste davon blieben nur die ehemaligen Auflager der alten Geschossdecke in den Eckständern erhalten.

Heinrich Schenkbar erhielt das Haus zunächst als Lehen, seine Erben verkauften die Rechte daran 1627 an den Schultheiß Jost Alexander Walther. Trotzdem konnte 1611 im Schenkbarschen Haus auch die Regierung Hessens untergebracht werden, die wieder einmal vor der Pest aus Marburg geflohen war. Da das Landgericht in unserem Haus tagte, wurde auch eine Folterkammer benötigt, zum Beispiel bei den ersten Verhören des 15jährigen Henrich Sangen, der sich 1631 selbst der Hexerei und des Beischlafs mit dem Teufel bezichtigte und am 30. Juli 1631 in Marburg erst geköpft und dann verbrannt wurde. Die Folter war damals verpflichtender Teil jeden Verhörs. Ein Dokument im Hessischen Staatsarchiv belegt, dass ein Rad für die peinliche Befragung nach Biedenkopf ausgeliehen wurde. Für diese Untersuchungen, sprich Folterungen, musste ein Raum verwendet werden, der der Landesgerichtsbarkeit unterstand, also nicht im Rathaus der Stadt lag. Solche Gebäude waren in Biedenkopf unser Haus und das Schloss, das zwar über ein altes Verließ verfügt, aber in der fraglichen Zeit schon nicht mehr als Gerichtsort erwähnt wird, sondern als Getreidespeicher verwendet wurde. Daher kommt in Biedenkopf nur der Keller des Schenkbarsches Hauses in Betracht, der auch größenmäßig dafür geeignet war.

Die die volle Länge des Hauses umfassende Größe des Saales mit dem höher gelegten Fußboden beweisen auch die Reste von Dielenbrettern in der exakt passenden Höhe gegenüber dem heutigen Bodenniveau, die auf einer Unterschwelle unter der großen Schwelle nach außen geführt wurden und sich an der Nordseite erhalten haben. Der Ständer mit dem gleichhohen Auflager befindet sich an der Südwestecke. Diese Art, den Fußboden nach außen zu führen, verrät ein hohes Alter der Konstruktion, nämlich in der Regel vor 1550. (s. z. B. Geislingen Bauhof, um 1500. In: G. Ulrich Großmann: Fachwerk entdecken und verstehen; Regensburg 2006)

Der große Saal mit dem Ofen mit der Wappenkachel, deren Bruchstücke gefunden wurden.

Das Haus wurde nach 1575 als Amtssitz der Biedenkopfer Schultheißen genutzt, die hier auch wohnten. Schultheißen waren die Vertreter der staatlichen Macht und damit durchaus im Leben der Stadt gewichtige Gegenspieler gegenüber dem Bürgermeister, mit dem ein Schultheiß oft fälschlich gleichgesetzt wird. Der Bürgermeister war aber das Oberhaupt der Stadt. Das Schenkbarsche Haus war für ihn durchaus so etwas wie exterritoriales Gebiet.

Das galt auch für die verschiedenen Gerichtsbarkeiten. In einer mittelalterlichen Stadt existierten oft drei davon nebeneinander her und durchaus im Widerspruch zueinander: Die kirchliche, die in der Hauptkirche verhandelt wurde; wenn vorhanden an einer Roten Pforte wie im Frankfurter Dom St. Bartholomäus, die heute im Dominneren liegt. Dann die städtische, die im Rathaus verhandelt wurde; und schließlich die des Landesherren, dem auch die Halsgerichtsbarkeit unterstand, also alle Urteile in Malefizsachen, also Kapitalverbrechen, auf die die Todesstrafe folgen konnte. Daher auch der Gerichtssaal im Schenkbarschen Haus, während der Rathaussaal ebenso als Gerichtssaal diente.

1810 wurde das Haus dann aus Hessischem Staatsbesitz endgültig an die Familie Koßmann verkauft, deren zwei Zweige in beiden Hälften wohnten. Anschließend wechselten die Haushälften mehrfach die Besitzer, bis 2007 erstmals wieder seit 1810 beide Hälften gleichzeitig zum Kauf standen. Und 2009 wurden zum ersten Mal seit 1765 wieder beide Hälften zu einem einzigen Wohnhaus zusammengeführt, als Elvis Benner und Christoph Kaiser die Hausnummern 8 und 9 gleichzeitig erwerben konnten.

Ihnen raucht der Kopf vom Lesen? Uns rauchte er auch, vom Herausfinden dieser Geschichte. Und weiter geht's!

Der Keller

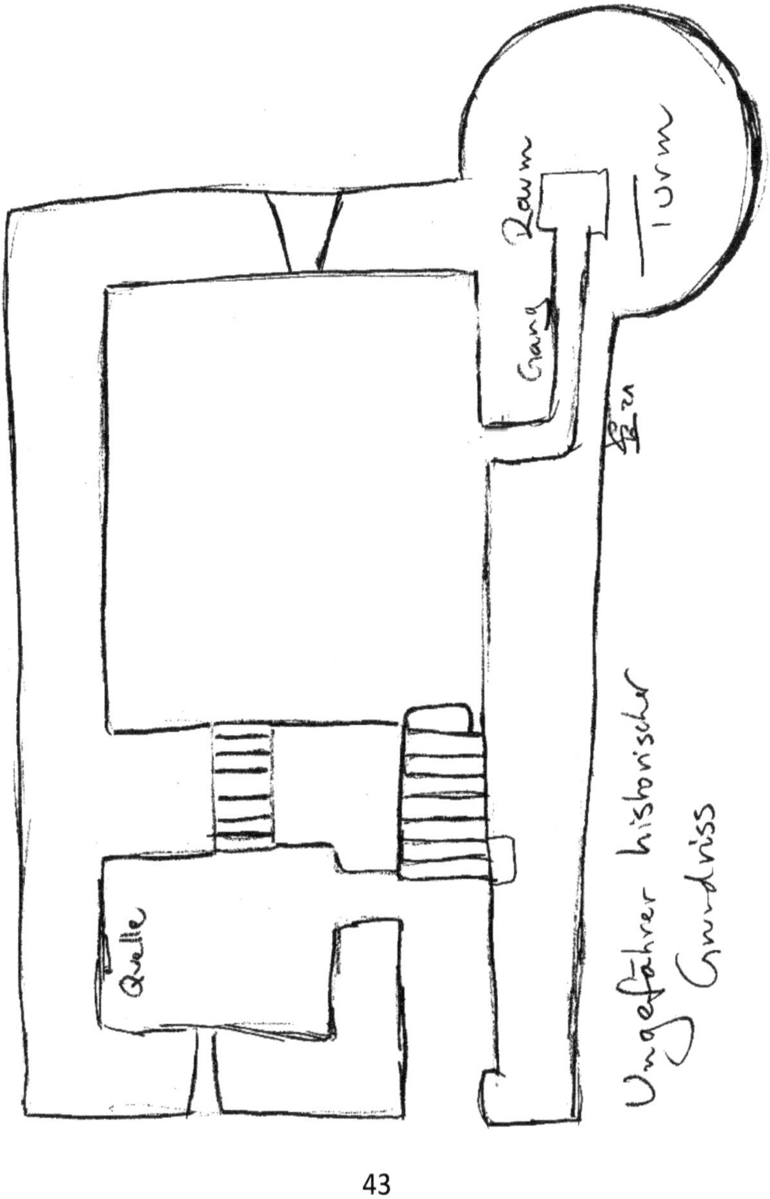

Mit seiner Grundfläche von 5 x 8 Metern und seiner Gewölbehöhe von beinahe 4 Metern ist er der größte historische Keller in Biedenkopf und zudem im ehemaligen Gerichtsgebäude gelegen. Die Höhe des Raumes erklärt sich dadurch, dass, wie Bearbeitungsspuren im Felsen zeigen, in der Mitte des hinteren Raumes ein Pfosten im Boden befestigt war, der eine Plattform trug, von der aus Schützen aus der heute viel zu hohen Schießscharte hinausschießen konnten. Der Raum war also mindestens teilweise zweistöckig angelegt.

Der Abstieg in den Keller aus der Zeit um 1200 mit dem romanischen Torbogen. Das Gewölbe über der Treppe musste bisher nie restauriert werden.

Vom Keller aus gesehen versteht man auch, warum ein solch enger Abstieg hinunter in ein solches Gewölbe als „Kellerhals" bezeichnet wird.

In unserem Keller, der vermutlichen früheren Folterkammer Biedenkopfs.

Der Zwischenboden im Keller des Schenkbarschen Hauses

Der Zugang zum geheimnisvollen Gang

Der gesamte Keller wurde teilweise über zwei Meter tief in den gewachsenen Fels geschlagen, zugleich mit dem Raum für den Treppenhals und möglichen anderen Teile der Anlage, die bisher nur teilweise gefunden wurden. Ein ungeheuer interessanter Teil der Gesamtanlage ist ein rätselhafter Gang, der in seiner Funktion nicht bestimmbar ist, obwohl er 2018 zweimal von Archäologen untersucht wurde. Er führt durch ein schmales Loch in der Südwand in die Mauer hinein, biegt dort im Winkel von 90° nach links und endet in einem merkwürdigen zugeschütteten Raum im Inneren des mittelalterlichen Turmes an der Südostecke des Kellergewölbes. Gang und Raum im Turm sind ebenfalls komplett aus dem Felsen geschlagen. Der Gang selbst ist dreieckig und hat ein gut gesetztes Gewölbe. Er ist nur etwa 80 cm hoch, doch der Felsen darin ist, im Gegenteil zum Keller, glattpoliert. Der Durchgang zum winzigen zugeschütteten Raum ist ebenfalls dreieckig und aus Basaltsäulen gesetzt, die es in

Biedenkopf natürlicherweise nicht gibt, die sich aber auch als Balkenauflager außen am Turm finden. Der winzige Raum, zu dem der Gang führt, scheint mit einer Art feinem Kies verfüllt worden zu sein.

In dem Gang lagen bis 2009 sorgsam aufeinander geschichtete Scherben eines mittelalterlichen Kugeltopfs, die ins 12. oder 13. Jahrhundert gehören, was bedeutet, dass der Gang seit damals bereits nicht mehr verwendet wurde, wofür auch immer. Die Scherben sollten ihn offensichtlich blockieren. Es war also offensichtlich seit Ewigkeiten niemand mehr im Gang gewesen. Dieser Gang gehört mit dem gesamten Keller zu den großen ungelösten Geheimnissen unseres Hauses.

Die wahrscheinlichste Erklärung für den Gang ist laut einigen Archäologen, dass es sich um eine Wasserrinne handelt, was aber tatsächlich eher unwahrscheinlich ist, da man damit auf Dauer den Turm unterspülen würde, in dem das Wasser verschwinden müsste; außerdem müsste sich dann außerhalb des Turmes zumindest nach starken Regenfällen nach all den Jahrhunderten eine Art Quelle bilden, die aber nirgends zu entdecken ist. Die andere von Archäologen vorgeschlagene Lösung ist, dass es sich um einen sogenannten „Erdstall“ oder „Schratzelgang“ handelt, die es aber eigentlich nur in Süddeutschland gibt. Erdställe sind rätselhafte Gänge, die in aller Regel in der Nähe von Kirchen, besonders solchen bei Quellen, gibt; sie verlaufen oft von West nach Ost. Zu bisher unbekannten Zeiten, in der Regel vor 1000 n. Chr., wurden sie direkt in das Grundgestein gegraben und weisen oft einen sogenannten „Schlupf“ auf, eine Schmalstelle, an der man sich in einen eigenen Raum ohne anderen Ausgang zwängte. Das könnte hier der dreieckige Durchgang am Ende des Ganges sein. Einige Erdställe haben auch über dem Einstieg eine kleine Höhlung, in die ungefähr eine geschlossene Faust passt; auch das ist beim

Gang in unserem Keller der Fall. Ob diese Höhlungen bewusst angelegt wurden und auch ihre Bedeutung oder gar Funktion ist in allen Fällen völlig unbekannt, da es über Erdställe keine einzige zeitgenössische Quelle gibt. Es wird vermutet, dass sie aus der Zeit vor der Herausbildung der Fegefeuertheologie stammen. Vermutlich dienten die Engstellen, die sogenannten „Schlupfe“, als Reinigungsorte, um Sünden abzustreifen. Aber auch das ist pure Spekulation. Sicher ist nur: Alle Erdställe stammen aus der christlichen Zeit und haben in heidnischen Kulten keinerlei Vorbilder.

Für einige Esoteriker handelt es sich dabei einmal mehr um Relikte heidnischen Brauchtums, das angeblich die ach so böse Christianisierung im Geheimen überlebte, so wie auch der Wilde Mann im Fachwerk, das Osterfest und der Weihnachtsbaum angeblich heidnisch-germanische oder gar keltische Ursprünge haben sollen. Aber wie in den anderen genannten Fällen ist das Unsinn. Ostern war nie nach einer Göttin Osteara benannt, wie die Brüder Grimm meinten, denn die wird vor der Romantik nirgendwo erwähnt. Es ist das Lichtfest des Ostens, „ex oriente lux“. Der Weihnachtsbaum ist vor 1700 nirgendwo belegt, ebenso keine Sitte, grüne Zeige als Zeichen für die heidnische Göttinnen Freya oder Iduna ins Haus zu holen. All das ist neuheidnischer Unsinn, der überwiegend auf deutsch-nationale des 19. Jahrhunderts und nationalsozialistische Behauptungen ohne jede historische Grundlage zurückgehen. Der Weihnachtsbaum ist genauso christlich wie Halloween, also All Hallows Eve, der christliche Vorabend vor Allerheiligen, an dem die seit dem 6. Jahrhundert christlichen Iren den früheren heidnischen Fruchtbarkeitsgott Samhain (gesprochen etwa Sauäin) verspotteten, dem Kinder geopfert worden waren, die man in christlicher Zeit nach der Überwindung des finsteren Heidentums nicht nur nicht mehr versteckte, sondern jetzt erst recht mit Lampen im Dunkeln nach draußen gehen ließ und sie beschenkte. Samhain hatte wie das Heidentum alle Macht verloren. Die Sitte, sich zu verkleiden, stammt übrigens erst aus Amerika. Sie ist selbst auf irischen Bildern des Festes aus dem 19. Jahrhundert noch nicht verbreitet.

Was aber unseren Gang von allen Erdställen unterscheidet ist, dass er nicht komplett in den Felsen gegraben wurde, sondern übermauert wurde. Das ist umso merkwürdiger, als dass er eigentlich komplett im Grundgestein liegt. Der Keller wurde insgesamt fast zwei Meter tief in den gewachsenen Felsen geschlagen, der Gang ebenso; eigentlich hätte das für einen Gang komplett im Felsen ausreichen müssen. Vielleicht war er ursprünglich komplett in den Felsen geschlagen, musste aber umgearbeitet werden, als die massiven Mauern des Burgmannsitzes darüber errichtet wurden; zumal das erste Gebäude hier vermutlich ein Steinernes Haus war, das deutlich schwerer war als ein Fachwerkhaus; vielleicht hätte die dünne Decke über dem Gang dem Druck der Mauer darüber ganz schlicht und ergreifend nicht mehr standgehalten.

Warum man sich die ungeheure Arbeit machte, unseren Keller so tief ins Grundgestein zu graben, wird wohl für immer ein Rätsel bleiben. Eindrucksvoll ist die Leistung aber durchaus. Und auch wenn der Keller bereits mehrfach von „Geisterjägern" „untersucht" wurde und eine selbsternannte Wicca-Hexe uns versicherte, sie spüre die Heiligkeit des Grundfelsen in unserem Keller; und auch, wenn bei einem Filmdreh bereits ein Skelett aus echtem Kunststoff im Geheimgang lag, so müssen unsere Besucher keine Angst haben: Unseres Wissens sind die meisten von ihnen wieder lebend herausgekommen. Wir führen aber natürlich keine offizielle Statistik darü....

Aber nun zu etwas anderem. Überirdischem. Also, über der Erde gelegen. Auf dem Erdboden... Ach, Sie verstehen schon.

Blick durch den dreieckigen Gang zum dreieckigen Durchlass in den verschütteten Raum.

Ja, tatsächlich: So sieht ein originaler Geheimgang aus. Und trotz der dreieckigen Form: Es gibt keine Illuminaten in Biedenkopf!

Der Spruch

Über dem ehemaligen Portal des Hauses befindet sich eine dem Bau vorgesetzte Holztafel mit der einzigen lateinischen Hausinschrift Biedenkopfs.

Sie lautet:

haec domus auxilio praesentextructa supernis
fundamenti nostro principe dante locum
huius sit faelix ingressus et exitus omnis
ipsius en faelix schenck/bariana cohors

Übersetzt werden kann der Spruch, der in einem lateinischen Versmaß abgefasst ist, in etwa so: Dieses Haus wurde mit Hilfe der gegenwärtigen Obrigkeiten am Ort des uns vom Fürsten als Lehen vergebenen Ortes errichtet. Glücklich wie dessen (des Fürsten) eigener jeder Eingang und Ausgang sein möge, wohlan: (so sei auch) die Schenckarianische (oder aber auch früher angenommen Schencbarianische?) Kohorte glücklich!

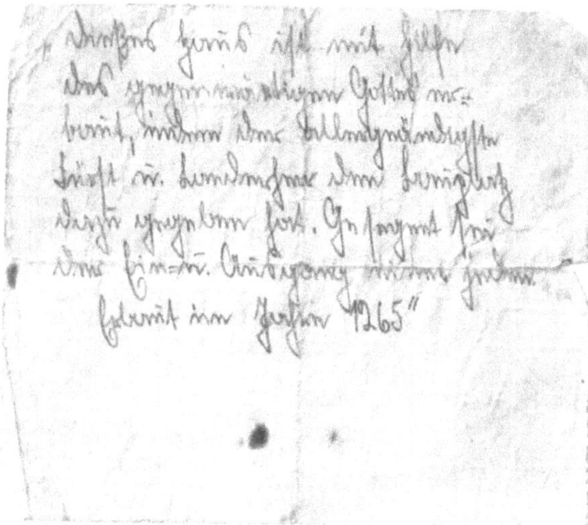

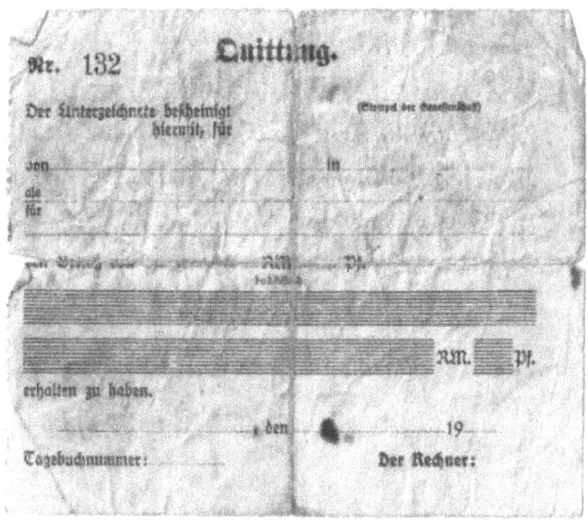

Nr. 132

Quittung.

Der Unterzeichnete bescheinigt hiermit, für

(Stempel der Genossenschaft)

von in

als

für

RM. Pf.

erhalten zu haben.

, den 19

Tagebuchnummer:

Der Rechner:

Im Besitz der früheren Eigentümerfamilie Eckel befindet sich noch ein Zettel, die Rückseite einer Quittung, auf der eine frühere Übersetzung zu finden ist, die noch rätselhafter ist, zudem hier noch eine weitere Zeile angegeben ist, die heute fehlt und auch auf keinem Photo mehr nachweisbar ist. Der Quittungsblock einer Genossenschaft wäre noch in Reichsmark auszufüllen gewesen, stammt also aus der Zeit zwischen 1924 und 1948. Hier lautet die Übertragung folgendermaßen:

„Dieses Haus ist mir der Hilfe des gegenwärtigen Gottes erbaut, indem der allergnädigste Fürst und Landesherr den Bauplatz dazu gegeben hat. Gesegnet sei der Ein- und Ausgang eines jeden. Erbaut im Jahre 1265“.

Diese Übersetzung ist offensichtlich falsch, denn schon die Annahme, der ewige dreieinige Gott könne nur zeitweise der quasi amtierende, gegenwärtige, Gott sein, zieht jedem gläubigen Christen die Schuhe aus. Das hätte im 13. oder auch 17. Jahrhundert niemand so an sein Haus geschrieben. Interessant ist aber der, scheinbar irgendwann abgesägte, letzte Teil der Tafel, das Datum. 1265 kann nicht stimmen, in dieser Zeit hätte auch die Schrift auf der Tafel anders ausgesehen. Allerdings sind gerade Zahlen an alten Gebäuden nicht immer leicht zu lesen. Hier ein Beispiel aus der Herborner Altstadt:

Diese Jahreszahl muss als Anno Domini 1550 gelesen werden.

Möglicherweise war die Zahl am Schenkbarschen Haus ähnlich geschrieben und könnte durchaus, wenn ein ähnlicher Zahltypus verwendet wurde, 1562 gelautet haben:

Und schon sind wir im Bereich der reinen Spekulation.

Eigentlich waren gotische Zahlen um 1562 nicht mehr üblich, wären aber ähnlich schwer zu lesen gewesen, wie diese „1495“ an der Kirche von Lollar-Kirchberg bei Gießen unterhalb der Wappen der Erbauer– und Stifterfamilien Schabe und Rau.

Übrigens sind solche Daten an Gebäuden auch nicht immer eine sichere Datierung, denn dasselbe Gebäude von 1550 am Herborner Kornmarkt zeigt an derselben Fassade noch die Daten 1603 (vermutlich erneuert) und ausgerechnet am untersten Gebäudeteil, dem Steinsockel, sogar 1764. Man sollte ein Haus also nicht unbedingt über den Steinsockel datieren, auch wenn das absolut logisch zu sein scheint. Nichts ist in der Erforschung alter Gebäude 100% sicher so, wie es auf den ersten Blick erscheint.

Denn oft wurde bei jedem Umbau ein Datum hinzugefügt, schon allein aufgrund des Stolzes der jeweiligen zeitweisen Hausbesitzer. Jeder weiß ja: Wer schreibt, der bleibt; also wurden fleißig Daten geschrieben. Und wenn das Mauerwerk nach ein paar Jahrhunderten frisch verfugt wurde, machte man es damit scheinbar jünger als das Haus darüber. Hausdatierung ist also gar nicht so leicht, wie sie vielleicht erscheint. Denn bei alten Gebäuden ist die Frage: „Von wann ist es?“ schon von Anfang an falsch. Auf die wirre Idee, dass man z.B. feste Keller, die sogar Stadtbrände überstanden hatten, abreißt, nur um ein Haus in einem Guss zu bauen, kam man erst im 20. Jahrhundert, dem Jahrhundert ohne jede Ahnung von Nachhaltigkeit. Vorher war man zu klug dazu.

Solche Sprüche an Häusern waren gar nicht selten. So finden sich alleine in Herborn, das, wie man sieht, genau wie Biedenkopf, Dillenburg, Haiger, Wetzlar, Marburg, Greifenstein, Amöneburg, Wetter, Ziegenhain, Treysa, Alsfeld, Amönau und eigentlich ganz Mittelhessen eine ganze Reise wert ist, gleich mehrere Beispiele.

Im Museum „Hohe Schule“, einem Kleinod unter den Museen an der Dill, findet sich dieser Hauseingang von 1602:

Ganz ähnlich, nur deutlich größer, muss unser Eingang am Schenkbarschen Haus auch ausgesehen haben.

Die andere Herborner Hausinschrift zeigt, wie ein Datum auch angebracht gewesen sein kann, nämlich getrennt rechts und links der letzten Worte:

Bei der Tafel am Schenkbarschen Haus ist die erste Variante aber wahrscheinlicher.

Der Spruch selbst ist zutiefst rätselhaft, denn er lässt sich nicht problemlos in die Geschichte des Hauses, wie sie sich bisher aus den Akten ergibt, einfügen. Entweder wurde der perfekt lateinische Spruch in Vermaß von Justus Vultejus (* 1529 in Wetter, † 31.03.1575 in Marburg) verfasst, einem berühmten Professor für, heute würde man sagen, Altphilologie, also Griechisch und Latein, an der Marburger Universität, deren Pädagogikum, das er seit 1560 leitete, während einer Pestepidemie 1563 von Marburg nach Biedenkopf verlegt wurde. Vultejus kannte Biedenkopf bereits aus seiner Zeit auf der Stiftschule in Wetter, die 1541 mit dem Schüler Vultejus ebenfalls wegen der Pest nach Biedenkopf verlegt worden war. Das Pädagogikum wurde von der Stadt nachweislich im Rathaus untergebracht, der Unterricht und die Wohnung für die Lehrer waren vermutlich auf landgräfliche Anordnung im Schenkbarschen Haus eingerichtet worden. Von der Unterbringung im Rathaus kündet ein Dankgedicht Vultejus'; die landgräfliche Unterbringung dürfte als eher selbstverständlich angesehen worden sein, war die Universität doch ein Aushängeschild der Landgrafschaft Hessen. Immerhin blieb sie nach der Teilung Hessens 1567 ja sogar gesamthessisch. Zu diesem Zweck könnte das Haus auch wieder in Stand gesetzt worden sein. Ob man dann gleich von „exstruere", „errichten", sprechen würde, ist aber fraglich. Interessant wäre dann auch, wer mit „nos", also „wir" in dem Text gemeint ist.

Zu dieser Zeit hätte das Haus aber noch als Lehen der Familie Schenk zu Schweinsberg gehört, sie wäre also vermutlich mit „Schenckariana Cohors" gemeint. Bevor wir das Haus kauften, herrschte die Meinung, auf dem Schild stünde „Schencbar". Das erwies sich aber aus der Nähe betrachtet als mit 99%iger

Sicherheit als falsch. Der fragliche, natürlich verwitterte, Buchstabe lässt sich nicht zu einem sinnvollen B ergänzen, zumal die Schreibweise „Schencbar“ ohne k nirgendwo belegt ist, allerdings Schenckbar mit ck. Natürlich kann es sein, dass der, zugegebenermaßen nicht gerade hervorragende, Schnitzer sich hier einen solchen geleistet hat und schlicht das k vergessen wurde. Oder dass die Verwitterung und damit die Risse im Holz unglücklicherweise exakt die beiden waagerechten Linien, die aus einem K ein spitzes B machen würden, unerkennbar gemacht haben; aber auch das ist heute völlige Spekulation. Im 16. Jahrhundert waren aber Bs in aller Regel mit runden Bögen ausgestaltet und keine mit spitzen Bögen, die eher typisch für die kyrillische Schrift sind.

Optisch steht damit eindeutig in der letzten Zeile das Wort „Schenckariana“. Der Amtmann Schenkbar kann damit eigentlich nicht gemeint sein.

Dass das Schild aber zum Umbau unter Schenkbar gehören könnte, belegt die Tatsache, dass ein Schnitzelement, ein Perlschnurband, auf dem Brett des Spruches beginnt und sich dann im Balkenwerk bis zur südöstlichen Hausecke fortsetzt. Es ist also derzeit nicht endgültig zu klären, wie der Spruch in die Baugeschichte des Hauses einzuordnen ist. Wie schön, dass an unserem Haus auch die nach uns Kommenden noch forschen können! Aber so ist das eben: Auch, wenn die Geschichte eigentlich in allen Teilen fertig abgeschlossen hinter uns Heutigen liegt, so ist es doch eine wunderbare, nie enden könnende, Aufgabe, sie zu erforschen und für uns und die nach uns Kommenden zu erschließen, um aus ihr lernen zu können. Wer Geschichte immer nur oberflächlich betrachtet, der wird immer nur sich selbst und seine eigene Idee von der Welt in ihr gespiegelt finden, aber nicht die Geschichte, wie sie wirklich war.

Die Halle und die schwarzen Küchen

Wer die Museumshälfte des Schenkbarschen Hauses betritt, steht zunächst in einem dunklen Flur. Man spürt sofort, dass das nicht der Urzustand gewesen sein kann. Tatsächlich ist dies der Bereich im Haus, in dem die Umbauten der vergangenen Jahrhunderte am besten spürbar sind. Schon die Tür ist nicht original, sondern stammt aus der Zeit nach der Teilung des Hauses um 1765. Der eigentliche sehr repräsentative Eingang in das Haus der hessischen Landgrafen war ein großes Portal mit Bogen, durch das heute die Trennwand zwischen den Gebäudehälften hindurchlaufen würde. Die beiden Pfosten des Portals sind beide noch erhalten, der rechte wurde anhand seiner Jahresringe auf 1609 datiert, stammt also vom Umbau unter Heinrich Schenkbar. Sie sind mit einem für die Renaissance zeittypischen Schnitzmuster verziert und waren ursprünglich in kostbarem Grünspangrün und echtem Ockergelb gefasst, die Balken alle in leuchtendem Rot. Durch das Portal betrat man eine zwei Stockwerke hohe Halle, in deren hinterem Bereich eine Galerie von einer Wand bis zur anderen führte. Unter der Galerie konnte eine Trennwand eingezogen werden, die mit einer Metallöse in einer Nut befestigt wurde und damit den Durchgang zwischen zwei Türen von der Öffentlichkeit abschloss. Durch den Einzug der Trennwand und der Decke sowie dem Einbau des Treppenhauses verschwand diese Halle fast spurlos, nur die Nuten in dem ehemaligen Tragebalken der Galerie zeugen noch von der vergangenen Pracht. Lediglich im Privatteil des Hauses hat ein kurzes Stück Galerie mit den vermutlich originalen Bodendielen als Treppenansatz überlebt.

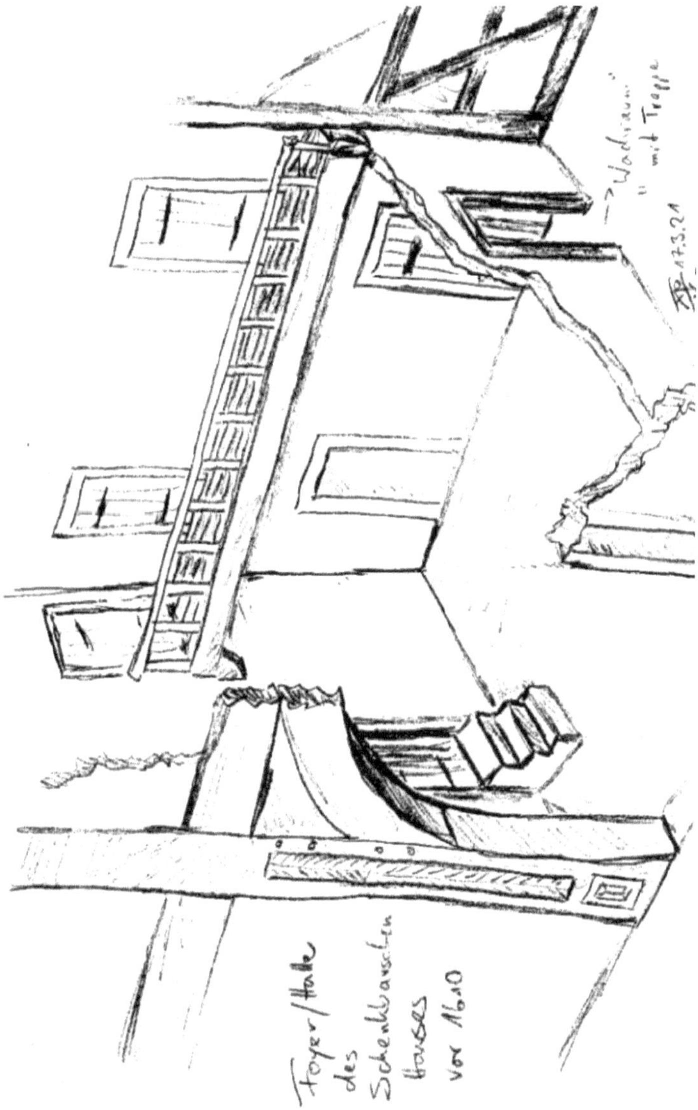

Die große Halle vor dem Gerichtssaal und den Türen zur großen schwarzen Küche, darüber die Galerie.

Der Treppenturm zwischen schwarzer und weißer Küche

Die genaue Form des Treppenturmes zwischen den Küchen ist natürlich pure Vermutung, wie auch die exakte Lage von Fenstern und Türen und deren Form. Nur seine exakte Lage im Baukomplex und die ungefähre Größe ist rekonstruierbar.

Der Zugang zum ersten Stock erfolgte in dieser Zeit über einen Fachwerktreppenturm im Hof hinter dem Haus, der die untere schwarze und die obere weiße Küche verband, sowie über eine Treppe im Raum rechts der Halle, dem vorderen Teil der heutigen schwarzen Küche, dem ersten Raum des derzeitigen Besichtigungsrundganges. In diesem Raum waren vermutlich in der Zeit eines landgräflichen Aufenthalts im Haus Wachen postiert. Hier befand sich zeitweise wohl auch eine Tür in die schwarze Küche, die aber in der ersten Bauphase noch nicht vorhanden gewesen sein kann, da die Balkensetzung hier eine Strebe, also einen schräggestellten Stützbalken, rückschließen lässt. Das Schöne an einem Fachwerkbau ist ja, dass aufgrund seiner inneren Logik von Druckableitung und Zugableitung außerordentlich viele Details nahezu jeden Umbau verraten, wenn man die Konstruktion zu lesen versteht.

Die heutige sogenannte Schwarze Küche besteht also eigentlich aus zwei Räumen, die heute durch die geschnitzte Säule optisch getrennt werden. Der vordere Raum, den wir als die Wachstube bezeichnen, hat heute einen Boden aus alten Ziegelsteinen; eigentlich müsste aber, wie wir seit einigen Jahren wissen, der Boden komplett gekrittet sein, also mit Flusskieseln ausgelegt, wie noch vor dem Schrank und unter dem Himmelbett zu sehen ist. Leider war das noch nicht bekannt, als wir den Boden rekonstruierten und den alten durchgefaulten Dielenboden aus dem 19. Jahrhundert herausnahmen. Bei einer Renovierung um 1900 war unter den Dielen Dachpappe verlegt worden, die dann hundert Jahre lang jeden Tropfen Wasser, der im lehmgesetzten Gewölbe aufstieg, speicherte. Seitdem von uns 2009 der Boden aus unglasierten Ziegelsteinen verlegt wurde, die nur in Erde statt in Zement sitzen, ist er wieder wasserdurchlässig und die Schimmel- und Fäulnisgefahr ist gebannt.

Insgesamt gab es an der Wende vom Mittelalter zur Neuzeit drei Küchen im Schenkbarschen Haus: Eine große und eine kleine schwarze Küche und eine weiße Küche im ersten Stock.

Die große schwarze Küche ist heute im Wohnbereich die Waschküche und im ersten Stock das Badezimmer und deshalb nicht zu besichtigen. Unser privates Chaos muss ja nicht vor den Augen unserer Besucher gezeigt werden. Und ein Wannenbad nehmen wir auch lieber ohne die Möglichkeit beziehungsweise Gefahr, von zufälligen Gästen dabei beobachtet zu werden. Eine Rekonstruktion alter Räume ist schön und gut, aber alles hat seine Grenzen.

Der Name „Schwarze“ Küche erschließt sich sofort, wenn man bedenkt, dass hier auf offenen Feuern gekocht und gebraten wurde.

Die Nut für die schnelle Befestigung der mobilen Trennwand unter dem Balkon.

Ein gekritteter Fußboden.

Die große schwarze Küche mit der Esse.

Eine Treppe führte von hier hinunter in den Vorratskeller, eine andere hinauf zum großen Saal, der wohl auch als Gerichtsraum diente, aber auch als Festsaal verwendet wurde. Von der Tür in den Saal ist noch die hohe Schwelle in der Wand erhalten, die als Balken ansonsten an dieser Stelle keinen Sinn macht. Die Treppe in den Vorratskeller ist noch heute begehbar und verbindet Wohnung und Keller. Selbst der Ruß der Feuer ist noch an Wänden und Decke erhalten. Insgesamt fünf dicke wiederverwendete Balken hielten wohl die Esse, die bis in den zweiten Stock reichte und von der weißen Küche aus durch eine Luke erreicht werden konnte, um z.B. den Schinken aus dem Rauch zu holen.

Der Rahmen der Durchreiche in die Esse der großen schwarzen Küche in der weißen Küche.

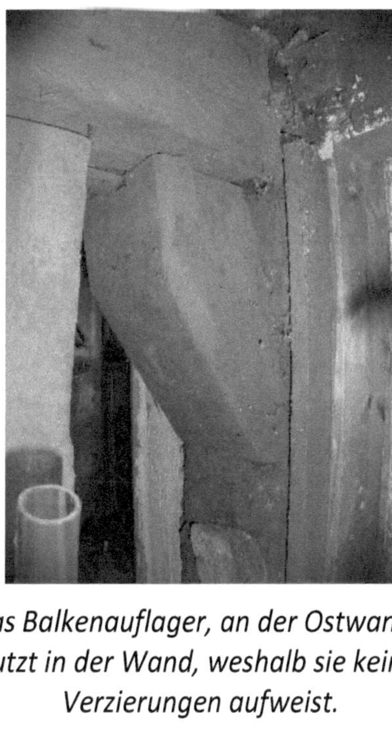

Die Knagge, das Balkenauflager, an der Ostwand. Ursprünglich saß sie eingeputzt in der Wand, weshalb sie keine wesentlichen Verzierungen aufweist.

Die benachbarte kleine schwarze Küche, die besichtigt werden kann, diente vermutlich als Alltagsküche. Der heute in ihr wieder zu sehende Herd ließ sich anhand der Spuren des alten Originals im Stampflehmboden und an den Wänden wie auch an der original erhaltenen Öffnung in der Decke zwischen Erdgeschoss und erstem Stock genau rekonstruieren. Der heutige Nachbau ist ohne jedes moderne Hilfsmittel gesetzt, nur Bruchsteine über einer mit Steinen durchsetzten Lehmschüttung. Der Ruß an den Wänden nach Norden und Westen und an der Decke im ersten Stock ist der originale Ruß aus der Zeit der Benutzung der Herdstelle. Da sie über Jahrhunderte benutzt wurde, ist eine Datierung z.B. durch C14 leider nicht sinnvoll, da hier lediglich Mischwerte herauskämen.

Der nordöstliche Eckständer zeigt ebenso wie der südwestliche ein frühes Balkenlager, auf dem eine Fußbodenkonstruktion ruhte. Da der Raum neben der Küche dadurch aber nur 80 cm hoch gewesen wäre, muss hier ein etwa drei Meter hoher Raum gelegen haben, der durch die Wärme der Feuer hinter der Wand mitgeheizt wurde. Vielleicht gab es auch Löcher in der Trennmauer, die einen Fußbodenheizungseffekt gehabt hätten. Die Verwendung des Raumes ist heute nicht mehr zu rekonstruieren, es könnte sich aber durchaus um einen Wohnraum gehandelt haben. Zumindest war er warm und gut geschützt. Nachdem der hochgelegene Boden herausgerissen worden und die heutige Decke eingezogen worden war, lag hier in kleiner Raum, der durch einen Flur erreicht werden konnte. Den Flur und den Raum verraten die unterschiedlichen Niederschläge von Ruß an der Decke: Im früheren Flur schlägt der Ruß durch und färbt den weißen Anstrich grau, deutlich abgesetzt vom Rest einer breiten Wand, die an der Decke eine eindeutige Störzone hinterlassen hat und die mit Lehm verputzt war. Die Decke im ehemaligen Zimmer bleibt hingegen weiß; hier klebt kein Ruß unter der Farbe.

Der heute sichtbare Kamin ist modern, er wurde genau im Jahre 1900 eingebaut, wie Baupläne beweisen. Auf den Bauplänen ist noch das Rauchhaus als vorhandene Baustruktur eingetragen. Dieser eigentlich zu dieser Zeit bereits völlig nutzlose Gebäudeteil war also bis vor einhundert Jahren noch als offene Struktur im Haus sichtbar. Als es danach als Raum verschwand, wurde es aber, da das Haus damals bereits, wir Bewohner sagen Gott sei Dank, unter strengem Denkmalschutz stand, nicht spurlos getilgt. Stattdessen mussten die damaligen Hauseigentümer den uralten Ruß an den Wänden und der Decke mit darüber befestigten Latten, deren Zwischenräume mit Lehm verschmiert wurden, überdecken und damit erhalten. Allerdings blieben an Decke und Wänden jeweils Erhebungen sichtbar, die das Rauchhaus gegenüber den übrigen Wand- und Deckenflächen hervortreten ließen. Wahrscheinlich hat das unseren Vorbesitzern nicht gefallen, sie werden sehr über den angeblich übergriffigen und sinnlosen Denkmalschutz geschimpft haben wie die Rohrspatzen, und zwar bei jedem Besucher, der nach den Erhebungen fragte, wieder von Neuem, mindestens so laut und lange wie zuvor.

Wir dagegen als heutige Eigentümer freuen uns jeden Tag darüber, dass dadurch der Denkmalschutz ein inzwischen extrem seltenes Zeitzeugnis zu erhalten half, wenn auch mit einem gewissen energischen Druck. Zu der Frage, was wichtiger ist: die Moderne oder das Recht der Vergangenheit, erfahrbar zu bleiben, aber mehr im letzten Kapitel des Buches, für das man als sehr modern denkender Leser sicher ein sehr dickes Fell braucht; es wird ausdrücklich nochmals davor gewarnt es zu lesen, wenn man keine anderen Sichtweisen als die einseitig modernen bis modernistischen zulassen kann und will.

Das hochgelegene Zimmer neben der kleinen schwarzen Küche.
Seine Bodenbalken sind noch von außen sichtbar (s. S. 15).

Ein Rauchhaus bzw. eine Rauchküche in einem Bauernhaus.

Blick hinauf in das kleine Rauchhaus

Blick von oben mit Plastikschinken und -wurst.

Die weiße Küche

Zu den besonderen Räumen im Schenkbarschen Haus gehört zweifellos die sogenannte Weiße Küche. Der Grund für die Bezeichnung als „weiß“ erschließt sich heute beim besten Willen nicht mehr von alleine. In diesem Raum hat sich wohl mit am meisten verändert. Dabei war sie früher einer der Repräsentationsräume, diente sie doch der Versorgung des Landgrafen, wenn er in Biedenkopf weilte.

Da das, wie erwähnt, durchaus zu Repräsentationszwecken geschah, inklusive einer Einladung der Gäste zur Jagd, war eine einzige Küche nicht ausreichend. Mochte die kleinere schwarze Küche für den Alltag des im Hause wohnenden Schultheißen ausreichend sein, für ein Jagdbankett des Landgrafen war sie das sicherlich nicht.

Die Gerichte für die Tafeln der Mächtigen waren im 16. Jahrhundert bereits durchaus ausgefeilt und hatten nichts mehr mit der eher einfachen Küche des Mittelalters gemein. Schon die Ausstattung der weißen Küche verriet, dass sie für die Bewirtung hochrangiger Gäste ausgelegt war. Immerhin waren die Wände bemalt und zeigten, wie in den Räumen des zweiten Stockwerks, graugrundierte Marmorierungen. Hier zogen keine rußigen Wolken mehr durch den Raum; nein, die Rauchabzüge des Herdes und des Backofens führten fest in Abzugslöcher in den Wänden, die jeweils über Ofenrohre in eines der beiden Rauchhäuser führten. Wie sinnvoll die Öfen gebaut waren, zeigt der Backofen, dessen Abwärme in einem gesonderten Zug nach rechts zu einem mit Steinen ausgemauertem Loch in der Decke geführt wurde, durch das die Abwärme in den zweiten Stock geleitet wurde.

Möglich war das, weil der Backofen ein Zweikammerofen war. In einem üblichen Backofen dieser Zeit gab es nur eine Kammer, in der zunächst das Feuer brannte, wodurch es die Steine des Ofens auf Backtemperatur erhitzte, woraufhin der Ofenraum ausgefegt und das Brot in die aufgeheizte Backkammer geschoben, eingeschossen, wurde. Gebacken wurde mit der gespeicherten Hitze der Schamottesteine.

Hier war das anders: Unter der Backkammer existierte dem Aufbau nach zu urteilen ein Feuerloch, was auch nicht anders zu erwarten ist, wenn man bedenkt, wie viele Personen hier im Falle der Anwesenheit des Landgrafen und seiner Gäste zu bewirten waren.

Für uns Heutige ist ein Backofen ja eigentlich keiner Erwähnung wert, sondern zählt zur Grundausstattung einer Küche; in früheren Zeiten waren aber in Hessen private Backöfen verboten, da von ihnen immer auch eine zusätzliche Feuergefahr ausging. In einigen Dörfern des Hinterlandes haben sich deshalb bis heute große gemauerte Backhäuser erhalten, die in einem genau festgelegten Turnus von allen Familien genutzt werden konnten. Dass im Schenkbarschen Haus ein Backofen vorhanden war, beweist, dass man sich hier nicht an gesetzliche Vorgaben halten musste.

Wie aber kann man heute noch einen Backofen nachweisen, der seit Jahrhunderten abgebrochen ist und selbst auf dem viel jüngeren Fußboden keine Spuren hinterlassen haben kann?

Den Herd und den Ofen verraten ihre Spuren im Lehm der Wände und die bemalten Stellen an den Wänden, da dort, wo Malereien sind, keine Einbauten gewesen sein können. Im Idealfall zeichnen also alte bemalte Putzschichten die ehemaligen Einbauten ab. Im Schenkbarschen Haus verraten z.B. Umrandungen noch heute im zweiten Stock einen weiteren ehemaligen Ofen, der die Zimmer beheizte. Er war aber an keines der Rauchhäuser angeschlossen, sondern besaß einen eigenen kleinen Kamin, der noch im 19. Jahrhundert auf Bildern nachweisbar ist. Wenn Lehm heiß wird, ändert er seine Farbe. Deshalb kann man noch heute, wenn man genau hinsieht und ein nur ein bisschen geübtes Auge hat, anhand der unterschiedlichen Lehmfarben in den Wänden nicht nur die Existenz der längst zerstörten Hitzequellen, sondern sogar Details ihrer Form ablesen.

Das ist einer der Gründe dafür, warum wir das Museum nicht in der heute üblichen Manier frisch verputzt und dann mit vielen Texttafeln und Bildern statt mit Exponaten ausgestattet haben. Wir fanden es sinnlos, erst die Originalspuren der Jahrhunderte als Bilder zu speichern und auszudrucken, um dann Bilder von dem, was unter dem Putz zu sehen wäre, wenn es den modernen Putz nicht gäbe, auf eben diesen Putz zu hängen. Wir zeigen lieber die Originale. Die erklären sich von selbst viel besser, als Bilder es jemals könnten.

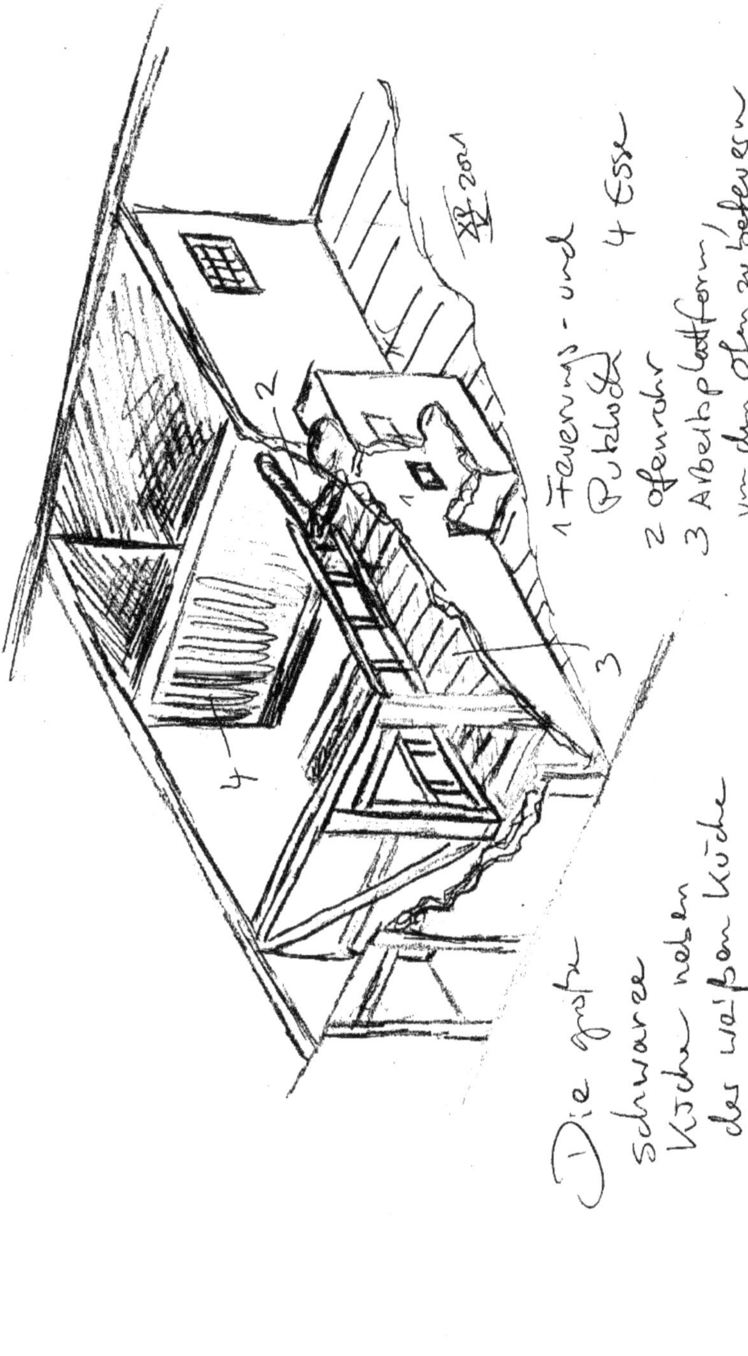
Die große Schwarze Küche neben des weißen Küche
1 Feuerungs- und Putzloch
2 Ofenrohr
3 Arbeitsplattform / um den Ofen zu befeuern
4 Esse
1
2
3
4

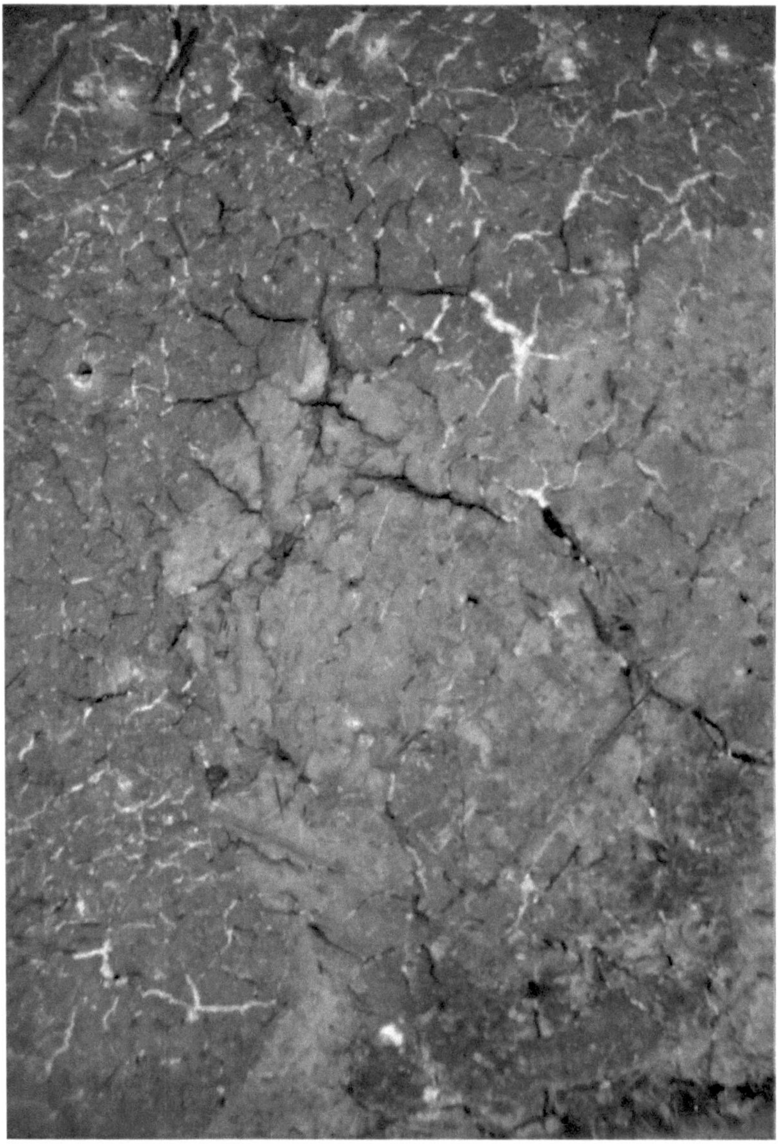

Von der Hitze verfärbter Lehm in der Form des verschwundenen Backofens in der Weißen Küche, hier der Übergang zur Ableitung der warmen Luft in das obere Stockwerk. Deutlich erkennbar ist eine Art dekorativer Sims oder Absatz.

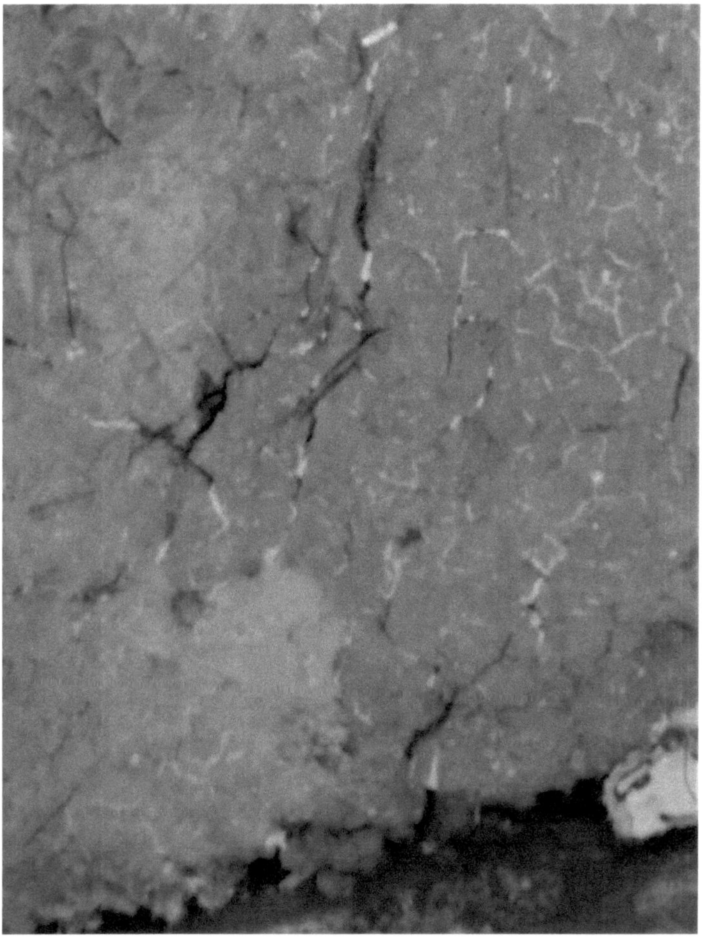

Eine andere Stelle mit klar abgesetztem gebackenem Lehm. Eine dekorative Ecke ist klar erkennbar.

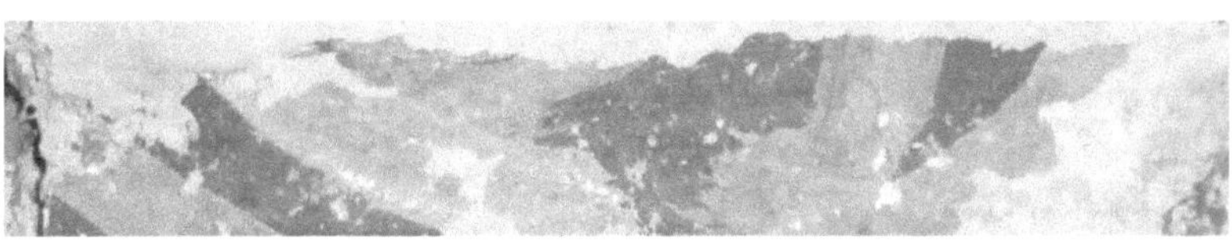

Rest einer Marmorierung in der Weißen Küche

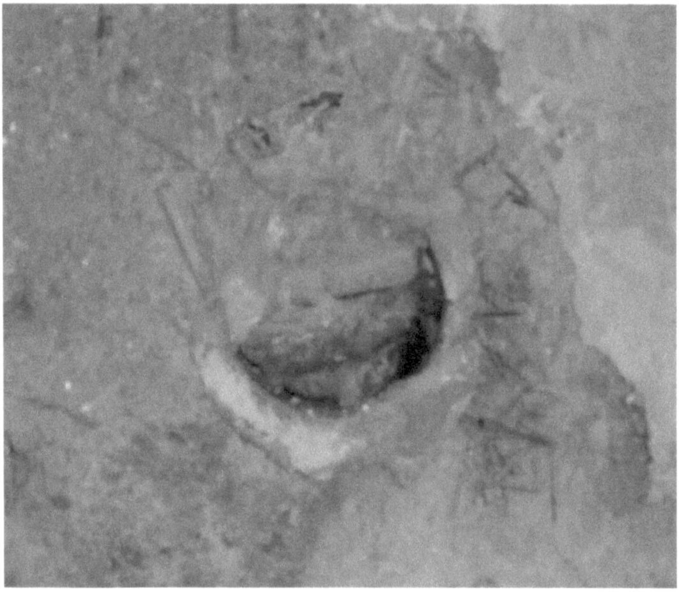

Das alte Rauchrohr des Herdes in der weißen Küche mit Resten einer es einfassenden Marmorierung.

Rest einer marmorierten Fläche im Bereich des Herdes der Weißen Küche. Der Raum hatte also entweder einen dunkel abgesetzten Sockelbereich unter einer hellen Wandfläche, oder es waren marmorierte Balkenverläufe auf die Wand gemalt.

Das Backhaus in Brungershausen

Das Backhaus in Niedereisenhausen

Das südostseitige Aulloch am Niedereisenhäuser Backhaus.

Das Ikonenmuseum

Zu den erstaunlicherweise meistgestellten Fragen zu unserem Haus gehört die nach der Herkunft des Ikonenmuseums im Schenkbarschen Haus Biedenkopf. Besonders von Gästen aus Großstädten wird immer wieder ganz unverhohlen zum Ausdruck gebracht, dass sie in einer so kleinen Stadt ein solches Museum mit internationalem Thema nicht erwartet hätten und es sogar schade finden, dass es sich hier befindet und nicht zumindest in Marburg. Scheinbar passen in der Vorstellung Vieler flaches Land und Kultur noch immer nicht zusammen. Dazu enthalte ich mich als überzeugter Landbewohner, der ohne Zwang niemals in eine Großstadt ziehen würde, hier höflich jeden offenen schriftlich fixierten und zitierbaren Kommentars. Allerdings drängt sich mir da eines der wenigen Worte der deutschen Sprache mit Arrog... auf. Denn ich bin der festen Überzeugung, dass es auch Großstädtern durchaus nicht schadet, manchmal den kleinen engen Horizont ihrer Stadt zu verlassen und sich in der ganzen großen Welt umzusehen. Auch Biedenkopf ist in nichts schlechter als jede andere menschliche Ansiedlung, und es gibt keinen Grund, warum hier etwas nicht sein sollte, was nach Berlin oder Köln auch gut passen würde.

So wie unser Ikonenmuseum, das zwar klein ist, aber fein.

Unser Museum zeigt eine immer wieder wechselnde Sammlung von Ikonen aus Russland, Weißrussland, der Ukraine, Serbien, Griechenland, aber auch Äthiopien.

Da es keine grundsätzlich immer ausgestellten Ikonen gibt, sondern regelmäßig getauscht wird, möchte ich hier anhand einiger Ikonen erklären, was das eigentlich ist: Eine christlichorthodoxe Ikone. Möglicherweise werden Sie aber bei einem Besuch unseres Museums genau die Ikonen aus diesem Buch nicht sehen können. Dafür aber sicher andere interessante Beispiele.

Was ist eine Ikone?

Zunächst einmal ist eine Ikone in der Regel ein mit einer Leimschicht überzogenes Holzbrett, auf der in Russland gerne ein Textil, die Pavoloka (Паволока), aufgeklebt wird, über das dann der auch in Griechenland und den übrigen orthodoxen Ländern übliche Kreidegrund aufgetragen wird, auf dem dann die eigentliche Malerei ausgeführt wird, mit oder ohne Gold.

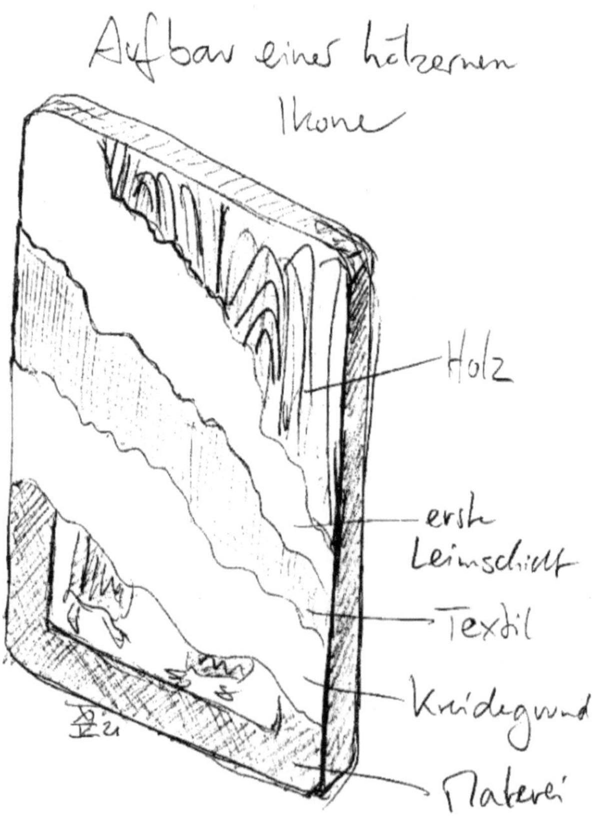

Die Vorzeichnung wird bei Ikonen in einer sehr alten Weise angefertigt: Das auf einem Trägerbild als Schablone aufgezeichnete Motiv wird durch das Trägerbild hindurch mit einem stumpfen Hornstück in die Kreidegrundschicht des Holzbrettes durchgedrückt, nicht mit einem Bleistift vorgezeichnet. Dadurch bleibt die Vorzeichnung auch durch alle späteren Malschichten hindurch sichtbar.

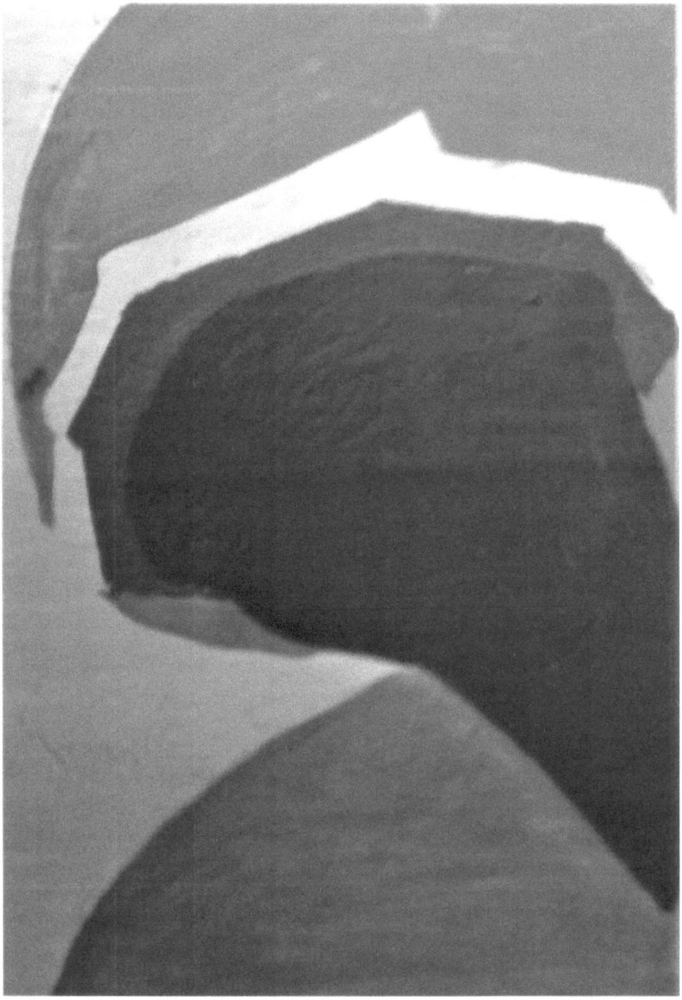

An diesem Detail kann man auch sehr einfach gedruckte von handgefertigten Ikonen unterscheiden, zumindest in Russland; in Griechenland wechselte man später auch zur Vorzeichnung mit Farben oder Bleistift. Auch Unterschiede zwischen Vorzeichnung und exakter Endausführung bleiben so bei Ikonen oft sichtbar und verraten z.B. sehr gute Künstler, die sich nicht sklavisch an die Vorzeichnung halten mussten, sondern frei ihre Handschrift auf der Ikone ausarbeiten konnten, ohne die Ikone dadurch in ihrem eigentlichen, dem theologischen, Inhalt zu schädigen. Eine

Ikone zeigt ja nicht nur den Heiligen oder Christus, sondern auch Kleidung oder prachtvolle Gewänder mit ihrem Faltenwurf und möglicherweise Verzierungen, Hautpartien, Attribute wie geöffnete Bücher, in denen Texte der Heiligen Schrift oder aus den Werken der Heiligen zu finden sind, die den Inhalt der Ikone unterstreichen sollen, der dem Besteller wichtig war. So sind z.B. die Texte in aufgeschlagenen Büchern in den Händen Christi oder einiger Heiliger nie vorgezeichnet, sondern wurden und werden, oft von speziellen Kalligraphen, immer direkt auf die Ikone geschrieben. Eine Ikone wurde ja nicht ohne Anlass angefertigt. In aller Regel wurden sie bestellt, oft von Privatleuten, die dafür ein Brett zuschneiden ließen und damit zu einem Ikonenmaler oder in ein Kloster gingen, um die Ikone dort nach ihren Wünschen anfertigen zu lassen. Deshalb gibt es keine zwei Ikonen, die exakt identisch sind. Da diese Bestellungen seit dem 17. Jahrhundert auf die Rückseiten der Ikonen geschrieben wurden, um Brett und Bestellung zuordnen zu können, sind die Rückseiten von insbesondere russischen Ikonen oft wichtige Quellen für Aspekte der Sozialgeschichte wie z.B. den Wert einer Ikone, da oft auch der vereinbarte Preis notiert wurde. Und sogar bei beschädigten Ikonen ermöglicht die Rückseite oft Rückschlüsse auf die Vorderseite, da ja das Hauptmotiv und alle Randheiligen vermerkt wurden, bei besonderen Wünschen bezüglich des Spruches im Buch auch dieser. Man könnte also durchaus beschädigte Ikonen aufgrund ihrer Rückseiten immer wieder rekonstruieren. Allerdings wird kein heutiger verantwortungsbewusster Restaurator das tun, da die Ikone damit ja neu erschaffen wäre und nicht das verlorene Original.

Ikone der Tagesheiligen des 13. Dezembers:

Eugen, Auxentius, Eustratius, Mardarius und Orest, die fünf Heiligen von Kappadokien, unter dem Mandylion.

Russland Ende 19. Jh.

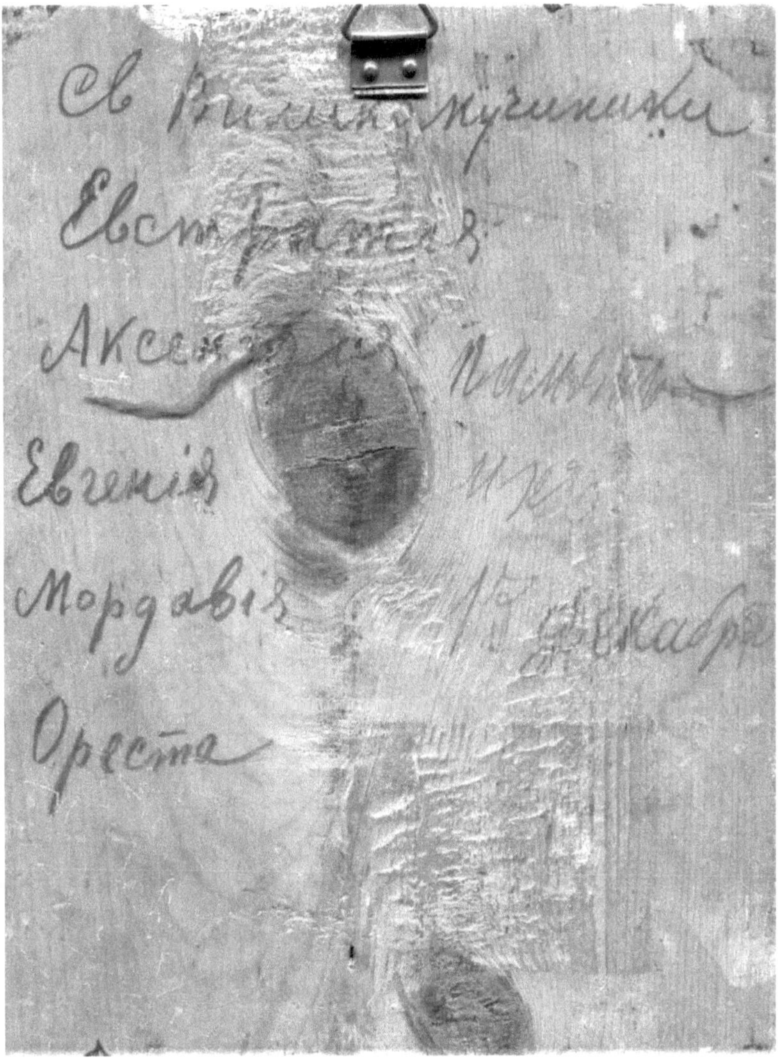

Die Rückseite der Ikone mit der Bestellinschrift mit Bleistift, die nochmals die Namen der fünf Heiligen und den 13. Dezember nennt. Die Inschrift war ursprünglich überdeckt, vermutlich mit Samt, oder die Ikone war in einen Kasten eingelassen.

Für Betrachter aus dem westeuropäischen und damit kulturell und historisch westkirchlichen Kulturkreis sind Ikonen oft fremdartige, sich nicht von selbst erschließende Bilder. Sie wirken verschlossen und rätselhaft; so, als ob der Schlüssel zu ihrem Verständnis westlichen Menschen nicht zur Verfügung stünde. Dabei steht ja ein grundsätzlicher, weit verbreiteter Denkfehler unausgesprochen hinter dieser Betrachtungsweise, nämlich die Prämisse, dass ein Bild selbstredend sei; besonders schön falsch repräsentiert von der Aussage, dass ein Bild angeblich mehr sage als tausend Worte. Dabei ist nichts missverständlicher als ein Bild, dessen Kontext ich als Betrachter nicht kenne.

Nehmen wir zum Beispiel auf der nächsten Seite dieses Bild einer Frau in einer merkwürdigen Kleidung: Den meisten Betrachtern mit deutschem Kulturhintergrund wird klar sein, dass es sich um eine Frau in einer Tracht handelt. Oder?

Ist Tracht nicht das, was auf dem Oktoberfest getragen wird? Klare Antwort: Nein, ist es nicht. Auf dem Oktoberfest ist bestenfalls Trachtenmode zu sehen, echte bayerische Trachten mit ihren altüberlieferten bäuerlichen Regeln und Bedeutungen aber so gut wie gar nicht mehr.

Die Tracht auf dem Bild ist sehr dunkel, große Teile davon sind schwarz. Also doch eine Trauertracht, oder?

Falsch: Schwarz war, da man als Blaufärber ein Jahr lang an einem schwarzen Tuch arbeitete, die reichste Farbe, die lange Zeit Nichtadeligen erlaubt war. Das Schwarz drückt im Weberland Hinterland nicht Trauer aus (dagegen sprechen die Spitze an der Haube, die prachtvollen Stickereien und die glänzende Schürze), sondern puren Stolz auf die eigene Leistung.

Tatsächlich ist es nicht eingeweihten Betrachtern völlig unmöglich, die im Bild klar dokumentierten Informationen herauszulesen. Wer sich auskennt, der sieht:

Es handelt sich um eine Tracht, deren originale Trägerin (herzlichen Dank an unser Model Erla Blöcher) aus dem Amt Blankenstein um Gladenbach stammen würde, zurzeit nicht in Trauer wäre, sondern sich für einen Festtag herausgeputzt hätte, aber nicht anschließend zum Abendmahl gehen würde; sie wäre verheiratet und ihre Familie ist nicht ganz unvermögend. Und offensichtlich hätte sie ihre Tracht deutlich vor 1900 zusammengestellt.

Was von alledem hätten Sie als moderner Mensch des 21. Jahrhunderts herausgefunden, für den Tracht ein bestenfalls historisches Phänomen ist? Wahrscheinlich gar nichts. Das ist auch ganz natürlich, denn Sie kennen den Kontext dieser Kleidung nicht, weder räumlich noch zeitlich noch kulturell. Sie denken völlig anders, da ihre Bedürfnisse und Ihre Lebensrealitäten völlig verschieden sind von denen, in denen diese Kleidung entstand und getragen wurde. Es gibt die Tracht nicht mehr im Alltag, weshalb mit den sich verändernden Realitäten auch die Tracht aus dem Alltagsleben verschwand.

Mit den Ikonen der orthodoxen Kirchen verhält es sich ebenso. Sie sind Ausdruck einer zwar ebenfalls christlichen Kultur Europas, so wie ja auch Westeuropa christlich geprägt ist und deshalb z.B. der Verzehr von Schweinefleisch grundsätzlich als unproblematisch empfunden wird, obwohl schon immer die jüdische und heute die muslimische Bevölkerungsminderheit das anders sah; aber die geistige Haltung hinter dem scheinbaren Bild „Ikone“ ist eine völlig von der westkirchlichen und westeuropäischen verschiedene. Für Betrachter mit einem westlichen kulturellen Hintergrund sind Ikonen Bilder auf Holztafeln, sonst nichts. Scheinbar etwas Bekanntes, und deshalb häufig missverstanden und fehlinterpretiert.

Deshalb werden sie in aller Regel selbst von studierten Kunsthistorikern, die westliche Kunst studiert haben, ganz vordergründig in Schubladen einsortiert, die dem westlichen Sehschema entsprechen: christliche religiöse, also sakrale, Kunst; Tafelbilder, da sie auf rechteckigen Holztafeln gemalt sind; Temperamalerei, also Bilder aus Farben mit Ei als Bindemittel; vormoderne, vorrenaissancezeitliche Malerei.

Das alles ist vordergründig richtig, aber erstens sachlich durchaus nicht verbindlich: Ikonen müssen nicht viereckig sein, wie diese schöne Ikone aus dem späten 18. Jahrhundert mit den Gründern des Klosters Solovkij (Соловкий) im Weißen Meer, der beiden Mönche Savvatij Solovjezkij (Савватий Соловецкий) und Zosima Solovjezkij (Зосима Соловецкий) mit allen exakten Details ihres Klosters zeigt, die zwar auf ein Holzbrett gemalt wurde, aber eben auf ein rundes, da sie aus einer barocken Ikonostase stammt, also einer Bilderwand, die in einer orthodoxen Kirche den Altar (im Westen Europas „Altarraum" genannt") vom Gemeinderaum trennt und offensichtlich auch Aussparungen für runde Ikonen aufwies; schon alleine die sehr detaillierte Darstellung der Gebäude, die eine recht exakte Bestandsaufnahemdes Klosters zur Zeit der Entstehung der Ikone darstellt, ist eigentlich ikonenuntypisch.

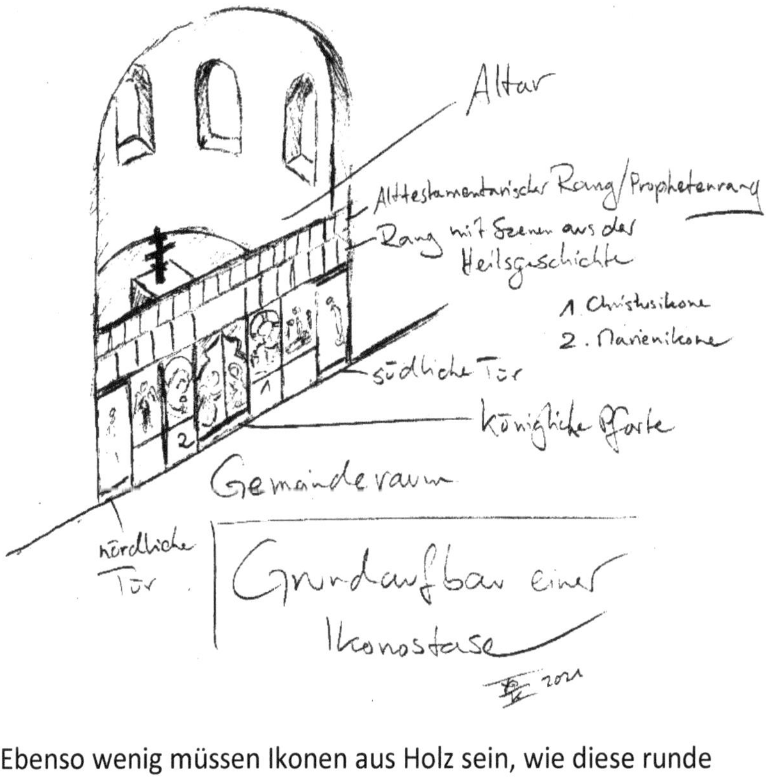

Ebenso wenig müssen Ikonen aus Holz sein, wie diese runde Lampenikone mit der Neutestamentarischen Dreifaltigkeit und dem Heiligen Nikolaus von Myra zeigt, die auf ein Eisenblech gemalt wurde; Lampenikonen sind eingelassen in die Zwischenräume zwischen großen runden Kronleuchtern über den Köpfen der Gemeinde; da beide Seiten der Ikonen zu sehen sind, werden auch beide gestaltet.

Auf dieser russischen Lampenikone auf einem Blechschild zeigt die Vorderseite mit den wichtigeren Heiligen die im Osten Neutestamentarische Dreifaltigkeit genannte Darstellung Gott Vaters, des Herrn Zebaoth; Christi und des Heiligen Geistes; deutlich westlich beeinflusst, wie der Dreiecksnimbus bei Gottvater zeigt; die Rückseite zeigt den Hl. Nikolaus von Myra in vollem Ornat zwischen Christus und der Gottesgebärerin.

Und Ikonen können auch je nach Verwendungszweck als z.B. wasserfestes Kreuz oder als Halsband- oder Reiseikone ganz aus Metall hergestellt sein, wenn sie den sonstigen Regeln entsprechen: Also einen kanonisierten christlichen Heiligen, einen ehrwürdigen Vorläufer z.B. aus dem Alten Testament, eine Szene der Heilsgeschichte oder aus einer Heiligenlegende zeigt und korrekt beschriftet ist, so wie diese russische Messingikone mit Öse aus dem 17. Jahrhundert, die die Alttestamentarische Dreifaltigkeit zeigt:

Zum Zweiten aber ist diese Definition einer Ikone auch inhaltlich falsch, wenn man denn die Ikone als eigenständige Form menschlichen Ausdrucks ernstnimmt. Aus der ursprünglichen Sicht der Erschafferinnen und Verwenderinnen der Ikonen, der christlich-orthodoxen Kirchen, ist eine Ikone nämlich eines nicht: Malerei. Eine Ikone wird deshalb korrekterweise auch grundsätzlich geschrieben, nicht gemalt. Von Malerei kann man nur insofern sprechen, als die pure Tätigkeit der Gestaltung gemeint ist; als Gesamtwerk ist sie aber keine Malerei.

Ich möchte das anhand zweier Ikonen aus unserer Sammlung erklären. Beide zeigen denselben Heiligen, den Heiligen Charálampos (Χαράλαμπος, Харалампос), einen der vielen Schutzpatrone des Viehs und gegen Pest und Cholera. Die erste Ikone stammt aus der Schule von Newjansk (Невьянск), einer Malerschule der sogenannten Altgläubigen im Ural. Diese

Künstler waren für ihre Meisterschaft und der Beherrschung von Farbe und Pinsel, aber auch für ihre fehlerfreien Vergoldungen in Russland im 19. Jahrhundert hoch berühmt.

Die zweite Ikone zeigt den Heiligen Charalampos auf einer Ikone der Wolgaregion, eine eher bäuerliche Maltradition, meist ohne Gold, sondern besonders berühmt für ihre Malerei in braun und orange, meist auf einem Silbergrund.

Wieder ein, an der Stola erkenntlicher, Bischof mit vollem Haar und einem auffallend langen spitzen Bart, in der oberen rechten Ecke Christus. Das ist die Orthographie, die Rechtschreibung, für Ikonen des Heiligen Charalampos. Egal, wie gut der Künstler malen kann: Charalampos wird so dargestellt. Langer spitzer Bart, volles Haar, Buch in der Linken, Christus in der oberen rechten Ecke. Alle anderen heiligen Bischöfe haben ihre eigene Orthographie. So zeigt diese Ikone beispielsweise eindeutig den Heiligen Bischof Nikolaus von Myra.

Keine Frage danach, was der Künstler uns mit seinem Werk sagen möchte; keine inhaltliche Variante. Nur ganz große Künstler konnten es wagen, Ikonen in ihren Inhalten zu verändern, so wie Andrej Rubljow, der in der berühmten Ikone der Alttestamentarischen Dreifaltigkeit die zuvor obligatorischen Figuren von Abram und Sarai wegließ und der Ikone eine neue Erscheinungsform gab, die die ursprüngliche Form fast völlig verdrängte.

*Alttestamentarische Dreifaltigkeit (*Икона Троица Ветхозаветная) *nach Rubljov.*

Und trotz der wunderbaren handwerklichen Fertigkeiten der Maler und Vergolder sind beide Ikonen des Hl. Charalampos nicht signiert. Der Name eines sterblichen Sünders hatte bis ins

19. Jahrhundert selbstverständlich nichts, aber auch gar nichts, auf der Wiederspiegelung des Heiligen, des Göttlichen, des Himmels zu suchen. Die Anfertigung einer Ikone war Gottesdienst im eigentlichen Sinne, Dienst an Gott. Wer eine Ikone schrieb, der fastete zuvor und während der Arbeit, der hatte in dieser Zeit keinen Geschlechtsverkehr und konzentrierte sich völlig auf dieses eine Werk. Zumindest bis ins 19. Jahrhundert, als Malerwerkstätten in der Produktionsweise von Manufakturen die Anfertigung von Ikonen übernahmen. Fachleute trugen den Kreidegrund auf, und reichten das Brett dann weiter; ein Vorzeichner ritzte die Sgrafija (сграфия), die Vorzeichnung, ein. Ein Maler war zuständig für das Rot, einer für das Blau, einer für die Gesichtsfarbe, einer für Feinzeichnungen in schwarz, einer für die Höhungen in Gold, einer für die Höhungen in Weiß, einer für die Hände, einer für die Heiligenscheine, die Nimben.

Ikonen sind ja in ihrem Selbstverständnis im Gegensatz zu westlichen Bildern eigentlich keine Kunstwerke, sondern aus Gnade entstandene Abbildungen, Wiederspiegelungen der göttlichen Sphäre, der Realität hinter und zutiefst in unserer sichtbaren menschlichen Realität. Ikonen sind, wie so oft gesagt wird, Fenster des Himmels. Nicht wir sehen die Heiligen an, die Heiligen sehen uns an durch die Ikone.

Deshalb ist der Blick der meisten Heiligen auch zur Seite gewandt, da sie nicht als bedrohlich empfunden werden sollen. Nur Christus und Maria werden fast immer mit einem frontal den Betrachter ansehenden Blick dargestellt. Wer sich der Ikone nähert soll spüren, dass er der Macht des allsehenden Gottes nicht entgehen kann.

Eine Ausnahme bildet deshalb sehr oft Christus selbst, der wie bei dieser Ikone des „Erlösers mit dem zornigen Blick“ zeitweise beinahe Furcht einflößend aus der Ikone blickend dargestellt wurde. Dieser Wirkung von Ikonen war man sich in früheren Zeiten auch durchaus bewusst. So weisen viele Bilder in Kirchen, die von Muslimen erobert wurden, keine wesentlichen Zerstörungen auf, außer, dass ihnen die Augen ausgekratzt wurden. Die geradezu magische Wirkung starrender Augen ist ja weltweit belegt, bis hin zu den eingelegten Augen der Moai auf der Osterinsel.

Erlöser mit dem zornigen Blick, Икона Спасителя с карательным взглядом, *Wolgaregion um 1800*

Dabei fürchtete man nicht nur die Blicke der Dargestellten, sondern auch schon alleine die reale Anwesenheit des Dargestellten. So wurde auf dieser Ikone der 40tägigen Versuchung Christi in der Wüste und der Bergpredigt der ursprünglich auf der Ikone dargestellte Teufel, der vor dem Erlöser vom Berg stürzte, so sehr gefürchtet, dass er penibel ausgekratzt wurde. Da die übrige Darstellung aber als heilig angesehen wurde, wurden tatsächlich nur alle Pigmente entfernt, die Satan darstellten. Seine Hörner sind daher noch heute als Negativ exakt zu erkennen.

Neutestamentarische Dreifaltigkeit, Икона Троица Новозаветная, *Ukraine 19. Jhd.*

Wie ernst die Heiligkeit der Ikonen genommen wurde und wie sehr man glaubte, dass die Dargestellten in einer überirdische Weise gegenwärtig sind, was auch heute noch der Lehre der

Orthodoxen Kirche entspricht, zeigt diese Ikone der Dreifaltigkeit, auf der auch Gott Vater dargestellt ist. Eigentlich ist das ja verboten, wenn man das Abbildungsverbot des Alten Testamentes aus 2. Mose 20 ernstnimmt: „Du sollst dir kein Bildnis noch irgendein Gleichnis machen weder dessen, was oben im Himmel, noch dessen, was unten auf Erden, noch dessen, was im Wasser unter der Erde ist. Bete sie nicht an und diene ihnen nicht, denn ich der HERR, dein Gott, bin ein eifernder Gott, der da heimsucht die Missetaten der Väter bis ins dritte und vierte Glied an den Kindern derer, die mich hassen, aber Barmherzigkeit erweist an vielen Tausenden, die mich lieben und meine Gebote halten.[2]"

Einer der Vorbesitzer dieser Ikone hat dieses Gebot offensichtlich sehr ernst genommen, denn die Gestalt von Gott Vater ist deutlich gezielt zerkratzt worden, einschließlich der segnenden Hand und des Szepters; das Gesicht aber wurde oberhalb des Bartes von jedem Kratzer ausgenommen; das Risiko, Gott dadurch zu beleidigen, dass man seine Ikone blendet, wollte man wohl doch nicht eingehen.

Dabei ist das ein heikles Thema, die Abbildung Gott Vaters, oder wie die Beschriftung auf Ikonen immer lautet, Herr Zebaoth, denn streng genommen sind ja Ikonen generell auch innerhalb der Christenheit umstritten. Darf man das Heilige abbilden? Gelten die jüdischen Gesetze des Alten Testamentes auch für Christen? Die Meinungen reichen hier innerhalb des großen christlichen Spektrums von der vollständigen Ablehnung aller Bilder, oft sogar eines schlichten Kreuzes, seitens der Calvinisten und Pietisten bis hin zu den überreichen Bildern in den orthodoxen Kirchen. Würde ein Außerirdischer auf der Erde landen und man würde ihm sagen, dass einerseits Quäker in

[2] 2. Mose 20, 4 - 6

ihren Gebetsräumen ohne Altar und Kreuz, im Grunde auch ohne Liturgie; und andererseits orthodoxe Christen in ihren gewaltigen gold- und bildverzierten Kathedralen zur selben Religion gehören, würde er das wohl kaum verstehen können.

Aber auch die genaue Auslegung dessen, was erlaubt ist, ist durchaus unterschiedlich. Wie diese beiden russischen Bronzekreuze zeigen, die auf den ersten Blick identisch wirken.

Dieser Eindruck täuscht aber, denn die beiden Kreuze gehören zu zwei unterschiedlichen Ausrichtungen der orthodoxen Christen Russlands, die das Kreuz der jeweils anderen Gruppe auch nicht anerkennen, sondern als Ketzerei ansehen. Sie sind tatsächlich in der Darstellung und der dahinterstehenden Theologie völlig verschieden. Aber man muss sehr genau hinsehen.

Das erste der beiden Kreuze wurde von einem Handwerker für einen Gläubigen der russischen Reichskirche angefertigt. Es zeigt den Herrn Zebaoth und die Taube des Heiligen Geistes umgeben von zwei anbetenden Engeln, das Kreuz trägt auf dem Titulus, dem Schild über dem Haupt Christi, die Abkürzung IН ЦИ, also die Abkürzung für die in der Bibel bezeugte Kreuzesinschrift[3]

„Jesus von Nazareth, König der Juden“. Interessanterweise wird hier altertümlich Jesus mit einem, eigentlich griechischen, Iota abgekürzt statt mit dem kyrillischen И. Um ein solches Kreuz anfertigen zu dürfen, müssen bestimmte theologische Grundüberzeugungen vorliegen, z.B., dass Gott Vater, der Herr Zebaoth, bildlich dargestellt werden darf.

Ganz anders beim zweiten Kreuz, einem Kreuz der sogenannten Altgläubigen (староверы), die in Russland bis heute oft

---

[3] Johannesevangelium 19, 19

Raskolniki (раскольники), die „Spalter“ genannt werden. Unter dem Mandylion, das im Westen bis auf die fehlende Dornenkrone identisch ist mit dem bekannten Schweißtuch der Hl. Veronika, steht hier die verpflichtende Beischrift „Das nicht von Menschenhand geschaffene Abbild“. So dramatisch es klingt, aber diese, für nichtorthodoxe Christen kaum zu bemerkenden, Unterschiede konnten über Leben und Tod entscheiden. Es war seit den Reformen der russischen Kirche unter Patriarch Nikon zwischen 1652 und 1667 nicht mehr egal, welchen Ritus man für den richtigen hielt: Wer dem Ritus, der in Russland bis dahin gegolten hatte, mit Ablehnung begegnete, blieb Teil der offiziellen Kirche; die anderen, die „Spalter“, die am bisherigen Ritus festhielten, wurden blutig verfolgt und grausam hingerichtet, flohen oft in die entlegensten Teile Sibiriens oder verbrannten sich selbst bei lebendigem Leib mit allen Angehörigen ihrer Gemeinden, Männern, Frauen, Kindern, Jungen, Alten, in ihren Kirchen. Egal ob Adeliger oder Bauer: Wer nicht der von oben befohlenen Reform folgte, verlor alles, was er bisher gehabt und dargestellt hatte oder sogar das Leben.

Es ging neben dem Wunsch nach Wahrheit im Glauben auch um Politik und den Willen, das riesige Land unter der Herrschaft von Zar und Kirche als einen geschlossenen Körper geschlossen zu erhalten. Und dieser unbedingte Wille zur Macht kostete Menschenleben. Wie fast immer, wenn Politik und Religion eine unselige Allianz eingehen und die Menschen, die Zugang zur Macht haben, diese auch anwenden und durchsetzen im sicheren Gefühl, das einzig Richtige zu tun und zu wollen.

Auch Ikonen können tragische Geschichten erzählen.

Muttergottes von Achtyrka; Ахтырская Икона Божией Матери

Auch die Perspektive, auf die von westliche Künstlern seit der Renaissance so großen Wert gelegt wird, ist bei traditionellen Ikonen nicht nur zweitranging, da sie mit voller Absicht oft gar keinen bestimmbaren Hintergrund zeigen, sondern eine niemals spiegelnd gestaltete goldene oder silberne Metalloberfläche oder auch nur eine Farbschicht; nein, die Perspektive wird sogar geradezu umgedreht. Der Himmel, in dem die Heiligen sich befinden, öffnet sich. Ikonen sind Logen des Himmels bei der täglichen Feier der Göttlichen Liturgie. Am deutlichsten wird das bei der Ikone der Muttergottes von Achtyrka (Ахтырская), bei der eine riesenhafte Maria vor einem winzigen Kruzifix betet, das auf einem durchaus naturalistisch wiedergegebenen Golgathahügel steht. Das ist für westlich geprägte Sehgewohnheiten mehr als verwirrend.

Aber noch erstaunlicher ist für viele ikonenerfahrene Besucher unseres Museums die Ikonostaseikone des Hl. Adrian von Poschechonje (auf dieser Ikone als Andria Poschechonskij bezeichnet, in ukrainischer Schreibweise: Андрїаъ Пошєхонскїй), auf der der Heilige in einer Berglandschaft gezeigt wird, die ganz eindeutig westlich beeinflusst ist. Das erklärt sich zum einen dadurch, dass seit der Herrschaft der aus dem Hause Anhalt-Zerbst stammenden Zarin Katharina der Großen in Russland auch in der Ikonenkunst westliche Einflüsse spürbar wurden und der sogenannte „Petersburger Stil" modern wurde; und zum anderen dadurch, dass auch Ikonen Spiegel der Welt und Zeit sind, in der sie entstehen.

In diesem Fall ist es eine ukrainische Ikone, die so wie diese drei ukrainischen Ikonen der „Muttergottes Schutz und Schirm" oder genauer „das Tuch/der Schutz[4] der Allerheiligsten Gottesgebärerin"" (Покровъ Пресвятой Богородицы) die spezifische Geschichte der Ukraine widerspiegeln, die bis heute bedeutsam ist. Denn die Geschichte der Ukraine ist eine Geschichte, die so vieles aufzeigt über die Besonderheiten des Zusammenlebens von Menschen, Völkern, Nationen.

Diese erste der drei auf den ersten ungeübten Blick fast identischen Ikonen zeigt die Gottesgebärerin mit dem Maphorion, dem orientalischen Jungfrauenschleier, über dem Hl. Kaiser Konstantin und der Hl. Kaisermutter Helena. Diese beiden tragen merkwürdige Kronen mit runden Polstern.

Die Kronen sind sehr deutlich der Rudolfskrone, also der Krone Österreichs von 1602 nachempfunden, die die katholische Staatsmacht Österreichs repräsentierte.

---

[4] Langenscheidts Taschenwörterbuch Russisch 1906, S. 582

Eine Besonderheit ist, dass alle drei Ikonen eine sehr verkürzte Variante der eigentlich bedeutend umfassenderen Ikone des 1. Oktobers darstellen, die eigentlich das Schleierwunder Narren in Christo Andreas in der Blachernenkirche in Konstantinopel und das Wunder des Meloden Romanos vereint.

Die zweite Ikone zeigt die Gottesgebärerin stehend zwischen den beiden Heiligen, die jetzt beide gezackte Kronen tragen. Der Kopf Kaiser Konstantins erscheint merkwürdig abgeschnitten, so als sei diese flache Krone gar nicht vorgesehen gewesen, sondern auch hier eine Rudolfskrone.

Die dritte Ikone zeigt die Gottesgebärerin ohne Schleier mit offenen Haaren und selbst eine kleine Rudolfskrone tragend. Alle Ikonen zeigen den typischen Stil ukrainischer Ikonen des 19.

Jahrhunderts, sind also gleichzeitig vielleicht sogar in Werkstätte dicht beieinander gefertigt worden. Warum aber dasselbe Motiv in drei verschiedenen Ausführungen?

Vollständige Darstellung der Pokrov Presjatoj Bogorodizy, Nordrussland um 1700.

Nun, es sind vereinfachte Ikonen dieser vollständigen Ikone, aber für Angehörige verschiedener kirchlicher Ausrichtungen.

Die Ukraine war schon immer der Reibepunkt zwischen Ost und West, Rom und dem Dritten Rom, also Moskau. Hier prallten über Jahrhunderte verschiedene Kulturen und Weltbilder zusammen. Als eigenständiges Staatsgebiet in den heutigen Grenzen besteht die Ukraine ja erst seit dem Ende des 1. Weltkrieges. Zuvor gehörten Ostgalizien und die ukrainischen Teile der Bukowina zu Österreich, seit 1804 als Königreich Galizien und Lodomerien. Stark verkürzt kann sagen, dass die Christen in der Ukraine seit der Union von Brest 1596 im Wesentlichen zu drei großen Gruppen gehörten: Zu den Orthodoxen, die dem Patriarch in Moskau unterstehen; zu den Unierten, die zwar in der Göttlichen Liturgie weitgehend unverändert den orthodoxen Ritus beibehalten, als Oberhaupt aber dem Papst in Rom unterstellt sind; und zu den Römisch-Katholischen. Und diese drei scheinbar identischen Ikonen sind jeweils nur zu einer der Gruppen gehörig: die mit Maria mit offenem Haar wurde von einem Katholiken bestellt; die mit Maria im Maphorion und den katholischen Rudolfskronen von einem Unierten, die mit Maria im Maphorion und den Zackenkronen von einem Orthodoxen. Eine Ikone ist also eindeutig nicht immer gleich einer anderen Ikone. Ihre Inhalte sind viel vielschichtiger, als das im Westen denkbar wäre.

Denn von welchem Bild würde man sich im Westen schon Hilfe in Krankheit und Not erwarten? Wobei diese Fragestellung zeigt, dass das Wesen der Ikone nicht verstanden wurde. Denn es geht nicht um das Bild als Gegenstand, es geht um das Eikon εἰκών, das Bild als Idee, als Verbildlichung des Undarstellbaren.

Denn nicht die Ikone wird angerufen und angebetet, sondern der darauf abgebildete Heilige wird um Fürbitte und Hilfe gebeten. Wie hier die Gottesgebärerin Pomošč v rodach (hier als Помошь на рода Pomoš' na roda bezeichnet), der Muttergottes der Hilfe bei Geburten. An wen soll man sich wenden, wenn weit und breit kein Arzt und keine Hebamme verfügbar sind, als an den Himmel und die heilige Mutter, die in ihrem Schoß den Einen barg, der größer ist als aller Himmel Himmel?

Wobei die Pomošč v rodach nicht zu verwechseln ist mit der viel bekannteren Muttergottes Weiter als die Himmel, der Znamenie

(Снамение). Während die Pomošč v Rodach im Grunde tatsächlich den Blick in den Leib Mariens erlaubt, in dem ohne echte menschliche Gestalt, nur schemenhaft angedeutet der Wahre Mensch und Wahre Gott irdische Gestalt annimmt, schwebt bei der Znamenie der unerschaffene Logos, der vor aller Zeit war und sein wird in alle Ewigkeiten, eben Der, der weiter ist als aller Himmel Himmel, in einer göttlichen Sphäre vor dem Körper der sterblichen Frau, die erwählt wurde, das Wunder der Menschwerdung Gottes in ihrem Leib zu vollziehen und als Gefäß zur Wohnung des Sohnes des Allerhöchsten zu dienen. Deshalb unterscheiden sich bei den beiden Ikonen auch die jeweilige Handhaltung der Hochheiligen und Hochgelobten Gottesgebärerin eindeutig: Die Ikone der Hilfe bei Geburten zeigt die Jungfrau mit schützend über das Kind gehaltenen Händen, während sie auf der Ikone Znamenie selbst die Hände zum Gebet erhoben hat, darauf hinweisend, dass nicht sie es ist, die die alleinige Anbetung verdient.

Wie wird ein Holzbrett zur Ikone?

Nun, jeder Mensch kann im Grunde einen christlichen Heiligen nach irgendeinem ausgedachten Schema auf ein in einer bestimmten Weise vorbereitetes Brett malen; aber eine Ikone ist das dann noch lange nicht. Eine Ikone wird in der Theologie der orthodoxen Kirchen dadurch zu einer Ikone, dass sie vom Himmel bestätigt wird. Insbesondere in Russland existiert eine große Tradition an Geschichten und Erzählungen, wie sich die Heiligkeit welcher Ikone erwiesen hatte. Nehmen wir zum Beispiel eine Ikone, die sehr weit verbreitet ist, die Muttergottes Freude aller Leidenden, Всех скорбящих радость.

Ich verkürze hier absichtlich und stelle nur die häufigste Variante vor, die südrussische[5]. Diese bereits in Russland bekannte Ikone wurde aufgrund eines Wunders, das sich am 23. Juli 1888

[5] Bentchev/Haustein-Bartsch: Muttergottesikonen, S. 148 - 151

ereignete, zu einem neuen Ikonentypus, der Muttergottes Freude aller Leidenden mit den Groschen oder Münzen Всех скорбящих радость с грошиками или монетками.

Durch einen Blitzschlag ging eine Kirche im Dorf Klocka bei der dortigen Glasfabrik in Flammen auf. Aus den Ruinen wurde eine nicht nur aufgehellte und unbeschädigte Ikone der Muttergottes Freude aller Leidenden geborgen, sondern durch die Hitze waren

12 Münzen aus einem umgefallenen Opferstock im Firnis der Ikone klebengeblieben, von denen später eine abfiel. Da die Rettung der Ikone schon alleine als Wunder galt, wurde sie zur Verehrung durch die Gläubigen ausgestellt. 1890 und 1891 erfolgten zwei bezeugte Wunderheilungen nach Gebeten vor der Ikone. Da auf diese Weise nach orthodoxer Überzeugung Gott die Ikone als neues Gnadenbild erwiesen hatte, wurde sie als neuer Typus kanonisiert und kopiert, und zwar mit den auf der Ikone festklebenden Münzen, deren genaue Lage und ihre exakte Ausrichtung, sowie, ob ihre Vorder- oder Rückseite zu sehen war, zum Bestandteil der verpflichtenden Ikonographie der neuen Ikone wurde.

Alte Ikonen Christi und der Jungfrau Maria gelten oft als Kopien von Bildern, die der Evangelist Lukas selbst gemalt haben soll. Der Hl. Lukas gilt in Ost- und Westkirche als Patron der Mediziner, da in Apotheken bis ins 19. Jahrhundert auch Farbpigmente gehandelt wurden und er als Arzt dort ein und aus ging.

Ein bemaltes Holzbrett wird also dadurch zur Ikone, dass darauf in der verbindlich festgelegten Weise und Rechtschreibung Christus, die Gottesgebärerin, Ereignisse der Heilsgeschichte oder kanonisierte Heilige darstellt werden, nachdem ein Urbild dieser Ikone vom Himmel als wundertätig bestätigt wurde. Daher können Ikonen nicht danach neu gestaltet werden, was der Maler ausdrücken möchte oder was der Kunde zu sehen wünscht. Im Grunde geht die orthodoxe Ikonentheologie zurück auf Platons Höhlengleichnis, das u.a. besagt, dass Erkenntnis nur möglich ist, indem man sich vom Abbild, im Höhlengleichnis Schatten an einer Höhlenwand, abwendet und sich dem wahren Urbild zuwendet. Dass aber christlich-theologisch interpretiert im Abbild das Urbild immer auch präsent ist, besonders das Urbild des unfassbaren Gottes in den Ikonen, die Seine Wahrheit und Realität nicht abbilden können, aber ungefähr und erahnbar, erfahrbar machen.

Deshalb werden auf Ikonen auch Abbildungen gezeigt, die mit Sicherheit so nicht als Tatsache gemeint werden. So wird der Hl. Täufer Johannes auf Ikonen sehr oft mit Flügeln dargestellt, wie ein Engel. Dabei hatte er mit Sicherheit keine federbesetzten Schwingen auf dem Rücken. Das ist aber auch gar nicht gemeint.

Die Flügel stehen für den griechischen Begriff des ἄγγελος, des Angelos, was auf Deutsch eigentlich nichts anderes heißt als „der Bote“. Und von Johannes sagt die Bibel: „Siehe, ich sende meinen Boten … vor mir her!“ [6]

[6] Maleachi 3,1, Matthäus 11,10 und Markus 1,2

Und nicht zuletzt sind Ikonen dadurch, dass sie das Heilige in die diesseitige Welt holen, selbst Hilfsmittel, um den Segen Gottes zuzusprechen. So wie bei den Hauskreuzen, die in einer sogenannten Vrezka (Врезка) aufbewahrt werden und bei Bedarf aus der Ikone entnommen werden können.

Wobei solche Staurotheken, also Kreuzaufbewahrungsikonen, ganz unterschiedlich aussehen können. Immerhin kommt „Vrezka“ einfach vom russischen Wort für „einschneiden, einfügen, einsetzen“[7] врезать. Deshalb bot diese Sonderform der Ikonen sogar eine Möglichkeit für die Gläubigen, ihre Ikonen über die Zeit der Verfolgung der Religion in der frühen Sowjetunion zu retten.

So wie bei dieser Ikone der Gottesmutter von Vladimir. (Владимирская Икона Божией Матери). Das Brett trug einmal eine Malerei vom Ende des 19. Jahrhunderts, wie auch die

[7] K. Leyn: Большой русско-немецкий Словарь, Moskau 2005

Inschrift auf der Rückseite der Ikone besagt. Die Malerei wurde gezielt beschädigt. Um die Ikone weiterhin verwenden zu können, wurde in das beschädigte Brett eine ganze Reihe von Messingikonen eingelegt, im Zentrum wieder eine Ikone der Muttergottes von Wladimir. So blieb die Ikone verwendbar, konnte aber notfalls auch verborgen werden. In der Nachsowjetzeit wurden allerdings viele beschädigte Ikonen einfach in dieser Weise umgearbeitet, um beschädigte Ikonen wieder in den Ikonenhandel bringen zu können.

Besonders im Volksglauben spielen Ikonen eine ganz besondere Rolle, da sie durchaus als Trägerinnen des Segens verstanden werden. Wie man das Kreuz aus einer Staurothek herausnehmen kann, um die Familie damit zu segnen oder einen Sterbenden auf dem letzten Weg zu begleiten, so kann auch eine gemalte Ikone Segen herabbitten und wird auch so verwendet. Wie diese Ikone des griechischen Tagesheiligen des 26. Novembers, des Hl. Stylianós (ὁ ἅγιος Στυλιανός), die ich niemals wieder „schön" machen werde, denn sie hat eine Fehlstelle, die genau den wichtigen Teil der Geschichte dieser Ikone ausmacht. Ganz unten in der vom Betrachter aus rechten Ecke fehlt das Gold: Es ist offensichtlich durch Berührung abgerieben worden. Die Fehlstelle hat genau die Größe einer Fingerkuppe. Es fragt sich: Mit welchem Finger wurde das Gold beschädigt? Westliche Menschen nehmen die Ikone in die Hand und betrachten sie, denken also, das Gold klebe jetzt an irgendwelchen Daumen. Ostkirchliche Besucher wissen aber sofort, dass das nicht stimmt: Die Fehlstelle entstand nicht durch Daumen, sondern durch Zeigefinger: Der Heilige Stylianós war ein Mönch, dem man ein neugeborenes Kind vor die Tür legte, um ihn fälschlich zu beschuldigen, als Mönch der Vater geworden zu sein. Der Heilige nahm das Kind aber bei sich auf. Daher wird er besonders in Griechenland als Schutzpatron der Kleinkinder verehrt; über dem Bett kranker Kinder pflegt man auf dem Land eine Stylianos-Ikone aufzuhängen. Auch ungewollt kinderlose Frauen wenden sich an den Heiligen. Der fehlende Fleck im Gold unserer Ikone stammt also vom Zeigefinger, der immer dort die Ikone hielt, wenn man mit ihr ein krankes Kind segnete.

Wie gesagt: Eine Ikone ist niemals nur einfach ein Bild, wie ein Bild es in der westlichen Christenheit ist.

Der Garten

Viele unserer Besucher bewundern immer wieder unseren Garten, obwohl (oder vielleicht weil?) wir uns nicht allzu sehr um ihn kümmern. Wir wollen mit unserem Garten ein Zeichen setzen für einen besseren Umgang mit der Natur in Menschenhand und lassen in ihm deshalb viele Pflanzen wachsen, ohne dass wir regulieren oder allzu sehr eingreifen und lenken. So kommt es, dass bei uns verschiedene Arten von Pfefferminze und türkischer Minze wachsen wie Unkraut, ebenso Zitronenmelisse und Schmetterlingsweide. Dazu kommen alte Obstsorten wie die Birne mit dem Eichenlaub, die Köstliche von Charneux, Conference, die Portugiesische Birnenquitte, die Riesenquitte von Leskovac, eine Zuckerbirne, Schweizer Hose, Speckbirne, die Gute Luise von Avranches, die Ananasrenette, die Große grüne Reneklode, Felsenbirnen, Gravensteiner, Klarapfel, Goldust, Petersbirne, Ripston's Pepping, Pfannkuchenapfel, schwarze und weiße Maulbeere, zweimal der purpurrote Fiepsapfel, Speierling, eine Mirabelle von Nancy, Kirschen, Beerensträucher, eine Haselnuss, ein Gingko und im Frühling ein kleiner Bärlauchrasen. Dazu rote, weiße rotgefüllte, purpurne, lachsfarbene, gelbe und rosa Pfingstrosen, Mohn, Hibiskus, Kornblumen und vieles andere, was blühen kann und in der Regel die Sorten, die Insekten satt machen können. Dazu verwitterte Zäune, ein altes Pflaster und darin eine Hollywoodschaukel. Natürlich wäre das für Viele ein Traumgarten, aber schon alleine aus Gründen der Versicherung können wir niemanden hineinlassen, und um ehrlich zu sein, ein bisschen wollen wir das auch gar nicht. Alle die kommen sind herzlich eingeladen zu einem Gespräch über den Gartenzaun, aber eben auch nur dazu. Ein wenig Urlaub und Rückzugsort wollen auch wir für uns haben. Deshalb beachten Sie bitte dieses Emailleschild, dass den öffentlichen und unseren privaten Bereich eigentlich klar trennen sollte:

Folgen Sie bitte einfach den anderen Schildern, so wie zum Beispiel diesem:

und Sie werden nicht in die Irre gehen.

Wenn Sie eine Führung wünschen, benutzen Sie bitte die weiße Glocke.

Üblicherweise finden unsere Führungen zwar nach Vereinbarung statt, aber immer wieder finden wir auch außerhalb der Termine Zeit, nette Gäste willkommen zu heißen.

Besonders in den hessischen Schulferien kann das durchaus passieren. Aber bitte haben Sie Verständnis, wenn es nicht klappen sollte: Wenn sich niemand für eine Führung angemeldet hat, gehen wir wie alle anderen Menschen zunächst davon aus, dass wir über unsere nicht verplante Zeit frei verfügen können.

Früher sagten wir immer, dass man bitte die weiße Glocke läuten solle, aber erstaunlicherweise wurde sie immer wieder nicht gefunden. Deshalb trägt die weiße Glocke auch noch diese Aufschrift:

Eigentlich sollte das doch reichen, meinen Sie nicht auch?

Vor dem Haus befindet sich übrigens ein Brunnen. In diesem läuft zwar Wasser, aber natürlich nicht aus einer Leitung, sondern im Rundlauf. Hinten rein in den Plastikfrosch, vorne wieder heraus. Nachdem wir mehrfach beobachten konnten oder besser gesagt mussten, wie wildfremde Menschen von diesem Wasser allen Ernstes tranken oder sogar ihr Essgeschirr darin wuschen, baute ich das kleine Überdach, um daran Schilder anbringen zu können, die alle besagen, dass es sich um kein Trinkwasser handelt. Das ist ernstgemeint. Wir müssen jede Haftung für körperliche Schäden ablehnen, falls jemand die Schilder ignorieren und doch von dem Wasser trinken würde. Genießen Sie lieber mit uns den Anblick des Brunnens und das Plätschern seines Wassers.

Museum

Kein
nkwasser

Die Kulturstube „Zur sicheren Beule“

Das zweite zum Museum gehörige Gebäude steht etwa 100 Meter entfernt vom Schenkbarschen Haus, in der Hintergasse, die Nr. 18. Schon auf den ersten Blick dürfte auffallen, dass es sich dabei um ein besonderes Haus handelt. Es ist klein und schief und steht traufseitig zur Straße, was in Hessen sehr ungewöhnlich ist. Üblicherweise zeigen in hessischen Altstädten die Giebelseiten zur Straße hin, nicht die Längsseiten mit den Dachtraufen. Das Besondere am diesem Haus ist aber, dass an ihm von außen keine Stockwerke erkennbar sind. Trotz seiner kleinen Wohnfläche handelt es sich um einen Ständerbau, was höchst ungewöhnlich ist und auf ein hohes Alter schließen lässt.

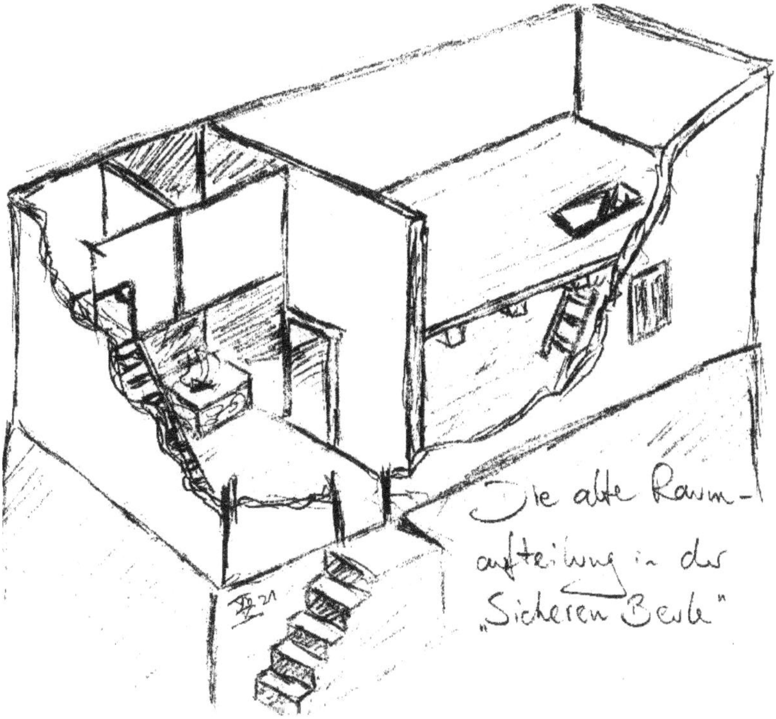

Dieses kleine Haus stellt im Grunde das genaue Gegenteil zum großen Schenkbarschen Haus dar: Es ist eines der „Arme-Leute-Häuser“, die es in der Zeit nach der großen Armut immer schwer hatten, nicht abgerissen zu werden. Einerseits deshalb, weil sie einfach modernen Wohngefühlen nicht entsprechen können; in der „Sicheren Beule“ ist im Erdgeschoss die niedrigste Raumhöhe unter dem dicken Unterzug gerade einmal 1,56 Meter „hoch“. Ich denke, das erklärt den Namen des Hauses. Zum anderen aber, weil man sich durchaus für die Armut der Vorfahren schämte und die Erinnerung daran vergessen machen wollte. Es gibt immer wieder Kommentare auch zu meinen Stadtführung, dass ich Biedenkopf schlecht reden würde, wenn ich über die vergangenen Zeiten der Armut rede; die

Stadtführungen enthielten sogar frei erfunden Geschichten und Behauptungen.

Erstaunlich, wir schwer für einige noch heute zu akzeptieren ist, dass Zeiten sich Veränderungen unterwerfen müssen und dass jede Zeit ihre eigenen Regeln und Verhaltensweisen hat. Wir müssen uns der Armut unserer Vorfahren nicht schämen; denn sie waren klug und fähig genug, diese Zeiten mit Fleiß und Fähigkeiten zu überleben, denn sonst gäbe es uns Heutige ja nicht. Und zum anderen war diese Armut nicht selbst verschuldet. Warum sollte man sich also für etwas schämen, dass einfach unseren Vorfahren als Aufgabe aufgegeben war?

Der große Hauswebstuhl in der Sicheren Beule.

Hauszauberei

Zu den ungewöhnlichsten Funden im Schenkbarschen Haus gehörten Überreste von offenkundiger Zauberei, die das Haus schützen sollten. Eingemauert in einer Höhlung in einer Wand fanden sich fast alle Scherben einer zerschlagenen Tasse, die entweder aus Angst vor Strafe, weil ein kostbares Geschirr kaputt gegangen war; oder aber eben als Bauopfer eingemauert worden waren.

Unter zwei Fensterbänken, die im Erdgeschoss verwendet worden waren, fanden sich auf der Unterseite diese merkwürdigen Zeichen, die offenkundig das Haus magisch vor Schaden beschützen sollten. Solche Symbole sind gut bekannt aus dem Volksglauben: Die gezackten Linien sollen böse Geister verwirren und wie Zähne abschrecken. Die einzelnen Zeichen galten wohl auch als magisch wirksam.

Die verschlungen geschriebenen Buchstaben, wahrscheinlich Initialen der Namen der Bewohner, sollten ebenfalls für die bösen Mächte unkenntlich und damit unlesbar, unaussprechbar gemacht werden. Die Zeichnungen von Häusern sollten die Geister wohl dazu verleiten, in diese Häuser einzuziehen statt in das große echte Haus.

Einige Zeichen wirken wie labyrinthisch und sollen die Geister wohl auch verwirren und ihre Aufmerksamkeit fesseln. Merke: Ein mit Rätseln beschäftigter Geist behelligt dich nicht!

Sehr ungewöhnlich ist, dass durch die Jahreszahl 1801 diese Abwehrzauber sogar genau datierbar sind. Einer der vielen unverhofften Funde in unserem Haus, die es für uns und unsere Besucher zu so einem einmaligen Ort machen.

DS

EB

1801

Ab hier nur noch für Hartgesottene!

Auf eigene Gefahr!

Letzte Warnung!

Zum Abschied sehr Persönliches

Einiges von mir in diesem Buch Angeschnittene wirft generell die Frage auf, wie sinnvoll und wie berechtigt Denkmalschutz ist. Ich weiß, dass Denkmalschutz tatsächlich heute ein Haus schwerer verkäuflich macht und allen Ernstes als Baumangel aufgelistet werden muss. Entschuldigen Sie meine Offenheit, aber in meinen Augen ist das blanker Unsinn. Wer sich für ein altes Haus entscheidet, entscheidet sich nun einmal für ein Haus mit Geschichte, das nicht nur eine Hülle sein kann für die eigenen Ideen und Vorstellungen. Wer nur an die Zukunft denkt, der sollte einfach kein altes Haus mit Geschichte bewohnen wollen. Und eine Gesellschaft ohne Zeugnisse ihrer Vergangenheit tut auch in meinen Augen nichts für ihre Zukunft. Wir können aus der Zukunft nichts lernen, sondern nur aus der Vergangenheit für die Zukunft.

Ich weiß, dass das nicht das Denken unserer Zeit ist. Bei der Verleihung des ersten Denkmalsschutzpreises des Landkreises Marburg-Biedenkopf neben anderen Preisträgern auch an uns, konnte sogar der damalige Landrat sich in seiner Rede nicht zurückhalten, das Denkmalamt und persönlich dessen Leiter offen dafür zu kritisieren, dass der Preis mit der Verleihung an das Schenkbarsche Haus an ein Objekt ging, das nicht nur nicht rücksichtslos modernisiert und den angeblich unabdingbar zu berücksichtigenden Bedürfnissen der heutigen Zeit entsprechend in einen Neubau mit alter Fassade umgebaut worden war, sondern bewusst und betont in seiner alten Bauweise, ja sogar unter Erhalt der alten Raumaufteilung mit ausschließlich historischen Baumethoden und Farben wieder in einen in seinen Augen falschen Zustand rückversetzt worden war. Dass wir alle modernen Einbauten und Dämmungen herausgerissen und statt mit Beton und Kunststoffen mit Lehm, Stein und Holz gearbeitet hatten, war in den Augen des Landrates geradezu verachtenswert falsch. Und er musste seiner Wut darüber Ausdruck verleihen. Er war für Denkmalschutz, der abreißt und dann „originalgetreu" wieder neu aufbaut. Immerhin hatte der Landkreis selbst in den 80er Jahren den Denkmalschutzpreis für die vollständige „Kernsanierung", sprich das Herausreißen aller alter Ebenen und Räume, aus dem Schloss Marburg erhalten. Statt alter Eichenbalken und knarzender Böden gab es dort jetzt Aufzüge und Beton in Wänden und Böden. Das Schloss selbst sah von außen noch aus wie das alte Landgrafenschloss; innen war es ein Neubau, modern, zeitgemäß. Cinderella's Castle in hessisch. Schon das Schloss Biedenkopf hatte nicht mehr so zerstörerisch „restauriert" werden dürfen, und jetzt das Schenkbarsche Haus. Bei uns hatten sich die Modernisten da erst recht nicht durchsetzen und die Auszeichnung an uns nicht verhindern können. Dabei wollten sie sich bei der Modernisierung der Welt nicht aufhalten lassen. Das war ganz heutige Zeit. Das heißt, das war Wissen der veralteten Zeit, des 20. Jahrhunderts. Dass Baustoffe und Farben aus Erdöl irgendwie zukunftsweisend sein könnten, ist heute allgemein bekanntermaßen falsch. Dass ein Haus, das jetzt bereits 500 Jahre überdauert, heute schon länger steht als jedes Betongebäude jemals stehen wird, sollte uns zu denken geben. So falsch und schlecht kann es dann nicht gebaut worden sein. Vielleicht waren doch nicht alle Baumeister vor dem ach so klugen 20. und 21. Jahrhundert völlig unfähig gewesen. Ein Betongebäude verschlingt Baustoffe wie Sand und Energie in einem solchen Maße, dass es längst nicht mehr als umweltverträglich gelten dürfte. Von unserem Haus bleibt irgendwann verrottendes Holz, aus dem neues Holz wachsen kann, und Lehm, den man sogar wieder für ein neues Fachwerkhaus verwenden könnte, gemischt mit neuem Lehm. Ein Kilogramm Beton ist in der Produktion ökologisch so unendlich viel schmutziger, als es unser Haus insgesamt beim Bau und seiner bisherigen Lebensdauer jemals war. Wer ökologisch denken will, denkt nicht in Beton und Erdöl. Erst recht nicht mehr heute.

Als unser Haus ausgewählt wurde, als Musterhaus für die Möglichkeiten der Dämmmöglichkeiten an Fachwerkbauten als Beispiel für energetische Sanierung Werbung für den Umweltschutzgedanken zu machen, erhielten wir es quasi schriftlich, dass unser Haus, das bei seiner Errichtung praktisch 0 Gramm CO2 produziert hatte und bis zum Einbau der Gasheizung 500 Jahre später dem nichts wesentlich hinzugefügt hatte, jedem Betongebäude in Sachen Klimabilanz ab dessen erster Sekunde astronomisch weit überlegen ist. Immerhin verursachte 2020 allein die Betonproduktion 8% der gesamten menschlichen CO2-Emissionen. Deshalb wurde das Schenkbarsche Haus kein Musterhaus für Dämmung. Es hätte als Lehmbau ohnehin nicht wesentlich profitieren können. Außerdem war die Frage, was unter der Dämmung hätte verschwinden oder für sie sogar hätte zerstört werden sollen, wie so unfassbar viele Ornamente an Gründerzeithäusern, die zwar zwei Weltkriege, aber nicht die Erdöl basierten Dämmplatten, deren Anbringung sie erschwerten, überlebt hatten. In unserem Fall wären außen die Renaissanceschnitzereien verschwunden, innen die Innenausmalungen aus derselben Zeit. Aber beide Kelche gingen gnädig an uns vorüber.

Und das in einer Zeit, die nicht bereit ist zu akzeptieren, dass heute nicht die einzige Zeit ist, die wahrgenommen zu werden das Recht hat. Die glaubt, dass alle Lösungen in der Zukunft liegen und dass Kenntnis der echten Geschichte unnütz ist.

Um wirklich lernen zu können, braucht es aber aus Sicht eines alten weißen Mannes, also meiner, ideologisch ungetrübte und unvoreingenommene Blicke zurück in das, was bekannt ist, die Geschichte. In die Fehler, über die wir etwas wissen können, wenn wir uns dafür interessieren. Ich lerne lieber aus den Fehlern der Vergangenheit als aus denen der Zukunft, da ich über die ersten mehr weiß. Und aus den Nichtfehlern, dem Guten der vergangenen Zeiten. Aus den Kenntnissen unserer menschlichen Vorfahren, die es ihnen erlaubten, seit den großen Eiszeiten alle Naturkatastrophen und Kriege zu überleben. Aber dazu braucht es Interesse an der echten Vergangenheit, keine Fantasyvergangenheit mit angeblich irgendwann früher einmal existenten hochmittelalterlichen germanischen Heiden und Drachen und Hexen in einem ach so dunklen Mittelalter, sondern reale Fakten und Kenntnisse, die man aus Zeitzeugnissen unvoreingenommen abliest. Wenn einmal alle echten Zeugnisse der realen Vergangenheit weggerissen und modernisiert sein werden, wird das Wissen um die historische und damit zukunftsgestaltende Realität eine Sache für wenige Fachleute sein; der Rest wird in einer Phantasiewelt leben und nichts mehr wissen, sondern alles brav glauben; das wäre in meinen Augen das sichere Ende unserer bisherigen Kultur kundiger und selbstbestimmter Bürger und Individuen. Für uns ist Denkmalschutz essenzieller Bestandteil der Kultur, keinesfalls aber ein Mangel.

Kimono

Einige Besucher unseres Hauses wissen, dass wir auch eine Sammlung außereuropäischer Textilien verwahren, meist aus Japan. Da diese nicht zur Dauerausstellung gehören, muss, wer sich gezielt dafür interessiert, bitte unbedingt frühzeitig einen Termin vereinbaren.

Literaturempfehlungen

... zu Biedenkopf

Gerald Bamberger in: Hinterländer Geschichtsblätter, 92. Jahrgang Nr. 4, Dezember 2013: Der Brand von Biedenkopf, Stadtplan von 1717/18 liefert neue Erkenntnisse. S. 1 -3

Grünewald/Einolf: Ortsgeschichte der Stadt Biedenkopf; Handschriftliche Stadtchronik von 1909, Nachdruck bearbeitet von Hans-Günther Möntnich 2010

Thomas Böhle: Auf Biedenköpfer Spuren. Gestern und heute – Biedenkopfs Hütten, Brunnen, Plätze und mehr. Beiträge zur Geschichte des Hinterlandes Band X. Herausgegeben vom Hinterländer Geschichtsverein. Biedenkopf 2011
ISBN 978-3-00-036337-5

H.-G. Möntnich, K. J. G. Hinz: Geschichten und Geschichte unserer Stadt, 1254 -2003, Festbuch zum Jubiläum 750 Jahre Stadt Biedenkopf, Band 1 und 2.

Elvis Benner: Das Haus über dem Kirchhof; Erzählungen über das Schenkbarsche Haus ISBN 9789463860239

Elvis Benner: Das Schenkbarsche Haus; Hinterländer Geschichtsblätter, 96. Jahrgang, Nr. 3, Oktober 2017, S. 149 -153

Elvis Benner: Das Schenkbarsche Haus Teil II; Hinterländer Geschichtsblätter 97. Jahrgang Nr. 3, Oktober 2018, S. 179 - 182

... zum Grenzgang

Carl Mauritz Frey von Dehrn vom Hoff (Christoph Kaiser): Ein Zug durch Stadt und Wald; über den Grenzgang in Biedenkopf und das M-Wort ISBN 9789403611853

Günter Bäumner: Grenzgang in Biedenkopf Biedenkopf, 1986

Elisabeth Ursula Bintinger, Theatralität des Grenzgangsfestes in Biedenkopf an der Lahn;

Diplomarbeit, Universität Wien 2014

Erich Weidemann: Das Biedenkopfer Grenzgangsfest in Bildern; Fotos aus über 100 Jahren Grenzgangsgeschichte. Beiträge zur Geschichte des Hinterlandes Band VIII, Hinterländer Geschichtsverein. Biedenkopf 2005
ISBN 3000154469

... von Christoph Kaiser

(oder Carl Mauritz Frey von Dehrn vom Hoff)

Bauerntracht in Wandel und Beharrung; Über die Tracht im Untergericht des Breidenbacher Grundes
Diplomica-Verlag 2013 ISBN 9783958508095

Tracht als veränderliche Kleidung, beschrieben anhand der Trachten des Hessischen Hinterlandes, insbesondere der Tracht des Untergerichts des Breidenbacher Grundes. Landkreis Marburg - Biedenkopf
Grin-Verlag 2008 ISBN 9783640188574

Dreimal ein Phönix, Erzählung; basierend auf dem Theaterstück zum dritten Stadtbrand Biedenkopfs 1717
ISBN 9789463864527

Die Herren von Schloss Katzenbach, Erzählung; basierend auf dem gleichnamigen Theaterstück.
ISBN 9789463866446

Der Umgang des öffentlich-rechtlichen Fernsehens in Deutschland mit esoterischen Inhalten. Studienarbeit
Grin-Verlag 1998 ISBN 9783640215522

Hinterländer Haiku; 30 Gedichte in je drei Zeilen.
ISBN 9789463982214

Hinterländer Winterhaiku; 32 Gedichte in je drei Zeilen über den Winter um Biedenkopf
ISBN 9789463980746

Frühlingshaiku aus dem Hinterland; 33 Haiku über die Landschaft rings um Biedenkopf, das Osterfest und das Erwachen des Lebens.
ISBN 9789463987455

Sommerliche Hinterlandhaiku
ISBN 9789403601076

Herbsthaiku aus dem hessischen Hinterland
ISBN 9789403609911

Der vierte König Bogomil; Eine Erzählung über den vierten König, der das Jesuskind suchte. ISBN 9789463982436

Bogomil the fourth king; A tale about the fourth king searching for the newborn child. According to an old Russian story.
ISBN 9789403610375

1631 Erzählung; Über den Tod der Biedenköpfer Hexe Henrich Sangen, nach der Originalakte ISBN 9789463982733

Werde ich ein Schmetterling sein? Maja und der Tod.
Wie redet man mit einem Kind über den Tod?
ISBN 9789463986076 (Taschenbuch)
ISBN 9789463984379 (gebunden)

Lass uns doch Suraten wommeln, umbimte das Taruppel; ein Sprachspiel und -spaßbuch für Kinder und Erwachsene
ISBN 9789403600864

Carl Mauritz Frey von Dehrn vom Hoff: Genderstern; Das Bastelbuch passend zum Thema, mit Gendersternen zum Ausschneiden zum Erhellen des finsteren Gendergaps.
ISBN 9789403627731

Sammelsurium; Texte, für die sonst nirgendwo Platz war. Unmodern!
ISBN 9789403610351

Sammelsurium 2; gebrochen, zerbrochen, geheilt.
ISBN 9789403621524

Theaterstücke von Christoph Kaiser:

Die Herren von Schloss Katzenbach;
Ein Geisterstück, basierend auf Geister? Geister! Geister???
ISBN 9789463864213

Dreimal ein Phönix; Über den dritten Stadtbrand Biedenkopfs 1717 ISBN 9789463860246
mit den Bildern der Aufführung ISBN 9789463866422

Geister? Geister! Geister??? Ein Geisterstück über einen Schlosskauf ISBN 9789463860307

Die drei Schwerter; Eine Zeitreise in neun Szenen
ISBN 9789463860529

Einakter und Szenen aus Hessen; Kurze Theaterstücke meist aus dem hessischen Hinterland ISBN 9789463861892

Stille, in die Regen fällt; eine kurze Szene über das eigene Paradies. ISBN 9789463862745

Selavinia oder Zwei Orte, eine Zeit; ein Theaterstück über Gerechtigkeit und Unrecht, Reichtum und Armut; über die zeitgleichen Welten auf dem Planeten Erde; und über Beziehungen und verpasste Chancen. ISBN 9789403604138

1631; Ein Stück über den Prozess gegen die Biedenköpfer Hexe Henrich Sangen ISBN 9789463863018 und ISBN 9789463987356 (mit Bildern aus dem Film)

Klamauk, Klamauk! Über das Theater, Kultur und das, was man sagen darf. Mit einem unveröffentlichten Einakter von August von Kotzebue.
ISBN 9789463980142

Schloss Breidenrössl am Perftalsee oder Miss Merwel und Monsieur Purée; ein Coronafilmprojekt, Das Textbuch zum Film.
ISBN 9789403627649

Alle Bücher von Chr. Kaiser sind erhältlich im Buchhandel und unter publish.bookmundo.de/christophkaiser und publish.bookmundo.de/carl_mauritzfreyvondehrnvomhoff

… zu Ikonen

Ikonen-Museum Frankfurt am Main: Katalog 2005
ISBN 9783932942204

Ikonenmuseum Recklinghausen: Ikonen; Restaurierung und naturwissenschaftliche Erforschung
ISBN 3925801251

Mahmoud Zibawi: Die Ikone
ISBN 3491960983/9789491960985

Bernhard Bornheim: Die russische Hausikone im Wandel der Zeit; ISBN 9783866460430

Ivan Bentchev: Handbuch der Muttergottesikonen Russlands;
ISBN 3980108201

Ivan Bentchev und Eva Haustein-Bartsch: Muttergottesikonen;
ISBN 393040612

Ioann Sirota: Ikonographie der Gottesmutter;
ISBN 3927894109

Ec.

Tim Frühling: 111 Orte in Mittelhessen, die man gesehen haben muss. 2019. ISBN-10: 3740805560, ISBN-13: 9783740805562

Sofern die Texte eine ISBN haben, sind sie über den stationären und Internetbuchhandel in aller Regel zu beziehen. Die Diplomarbeit von Frau Bintinger ist abzurufen unter http://othes.univie.ac.at/34602/1/2014-10-10_0502718.pdf

Vielleicht bis irgendwann einmal!

Schenkbarsches Haus Museum Biedenkopf

Bei der Kirche 8-9

35216 Biedenkopf

06467/89180

schenkbarsches-haus.de.tl mit Kontaktmöglichkeit